大地別冊
精采大地・典藏特輯

地下軍團兵馬俑

千古秦陵與秦文化

大地 地理
精采大地・典藏特輯

（攝影／董　敏）

目　錄

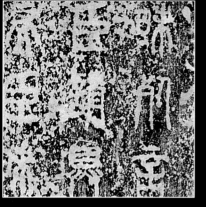

◁ 泰山刻石拓本。始皇二十八年（219BC），秦始皇登泰山和梁父山舉行封禪儀式，並在泰山刻石紀念。

▷ 秦俑坑目前出土的將軍俑其身分似是秦代的都尉和郡尉武官，主要職務為指揮、統帥軍隊。

千古一帝秦始皇

秦 王嬴政結束戰國混亂割據的局面後，

自認功蓋三皇德高五帝，因此自稱始皇帝。

秦始皇在促進文化融合及社會經濟的發展上功不可沒，

但也結束了中國思想百家爭鳴，最為激盪燦爛的時代。

秦

秦國的先祖名爲大費，據《史記・秦本紀》記載，相傳曾在舜時協助禹治水有功，後來又「佐舜調馴鳥獸，鳥獸多馴服」，所以舜賜姓嬴氏，這就是秦王室爲嬴氏的由來。嬴氏歷代善於養馬，如費昌爲商湯駕車，造父也因善於駕車而受到周穆王的喜愛，到了周孝王時，孝王命非子在渭河上游養馬，同時賜封地「秦」給非子，這就是「秦」國號的由來。

到了西周覆亡時，秦襄王因救周有功，並協助平王東遷，才被封爲諸侯，獲賜岐以西之地，到此時，秦才獲得與其他諸侯國平起平坐的地位。

秦立國之地——渭河上游，靠近今日的甘肅天水一帶，自古是戎狄集團的活動空間，秦在文化上與其有所交融，應是極爲自然之事。

△ 秦始皇像，《東周列國誌》清光緒戊子（1888年）上海點石齋刊本。

西來政權

秦由地處中原邊陲的小邦到發展成足以併吞六國的巨大力量，歷經許多優秀君主的領導，當中影響最巨的是孝公時的商鞅變法。公元前三五九年，秦孝公起用商鞅變法，以法家思想治國，其中影響最大的政策有三：

一、厲行法治。

二、獎勵軍功，依照軍功大小授與爵位，使平民可以透過作戰時的奮勇殺敵而改變自己的社會地位。

三、「決裂阡陌，教民耕戰」，推行農戰政策，並重農抑商，焚燒詩書，嚴禁不利於變法的言論。

這些政策爲秦國打下了堅實的基礎，使秦國的國力在短時間內富強起來。

即使秦孝公死後，商鞅被新的政治勢力處以車裂之刑，但「商鞅雖

死，秦法未敗」，可見秦人對法家思想的選擇不是心血來潮，而商鞅的成就也逐漸成為秦國富強的基礎，創造了秦國一統天下的有利局勢。在歷經數代秦主的經營，統一天下的契機終於來臨，秦王政十五年（公元前232年），秦開始大舉東進，此後十餘年間連滅六國，秦王政二十六年（公元前221年），秦將王賁攻入齊國首都臨淄，齊亡。秦王政併天下於一，並認為這樣的功業足以凌駕三皇五帝，因此自封為始皇帝。

嬴政身世之謎

戰國時出現了許多富可敵國的大商賈，陽翟大賈呂不韋為其中之一，由於戰國賤商的大環境使然，加上政治變動的劇烈，商人的身家財富往往在一夕之間為政治勢力所併吞，連性命也難保。呂不韋為尋長久的自保之道，開始結納大臣與王公貴族，希望藉由政治權力能保障自身安全和財富。之後，呂不韋遇到了在趙國當人質的秦太子安國君之子——嬴異人，嬴異人因其母親失寵，被充當質子留置趙國。安國君雖有子嗣二十餘人，但最寵愛的華陽夫人卻無子。呂不韋認為此機可乘，他主動拿出五百金協助嬴異人在趙國結交賓客，自己更西入秦國，以大量財貨賄賂華陽夫人，並且宣稱異人如何孝順與思念華陽夫人，遊說華陽夫人收異人為義子，以承繼太子之位。呂不韋的計策最後終於實現，安國君繼位為秦王後，果真立異人為太子，並更名子楚，也就是日後的莊襄王。

關於秦始皇嬴政的身世之謎，則與呂不韋的妾趙姬有關，《史記》中說趙姬在呂不韋府中已「知有身」，嬴異人不明此事，向呂不韋「請賜其姬」，《史記》說呂不韋的反應是「呂不韋怒，念業已破家為子楚，欲以釣奇，乃遂獻其姬。」而後趙姬生下的孩子即為秦始皇嬴政。《史記》中關於秦始皇身世的這段記載，並不見於《戰國策》中，因是孤證，又過於玄奇，引起許多史家的質疑。

嬴政在十三歲（公元前246年）時繼位為秦王，因為年少，實際上是「委國事大臣」，由呂不韋、太后和嫪毐等人治國。為相的呂氏這時已經廣收門士，產生併天下的想法。九年後，秦王政二十二歲，依照秦的禮制已經到了可以配冠帶劍親政的年齡，秦王政正式治理國家大事，並著手剷

秦帝國大事記

西安城牆規模宏偉，城樓等建築也保存的相當完好。（攝影/黃鵬杰）

714BC
秦遷都平陽（陝西）。

嬴政，清光緒戊子上海點石齋刊本。

259BC
嬴政（秦始皇）生於趙國邯鄲。

257BC
莊襄王子楚（秦始皇之父）由趙返回秦。

春秋時期秦銅鼎

255BC
周人東逃，秦取九鼎寶器。

800BC	600BC	400BC	300BC	260BC

秦公鐘，春秋青銅編鐘。

623BC
秦穆公征服西戎。

359BC
商鞅變法。

260BC
秦將白起破趙軍於長平，坑殺40萬人。

251BC
秦昭襄王薨，子安國君代立為王，華陽夫人為王，子楚為太子。

秦穆公，清光緒戊子上海點石齋刊本。

銅戈屬於長柄兵器，既可鉤殺，又可推殺和啄擊敵人。

除相、后兩大集團勢力。

剷除呂不韋、嫪毐集團

　　呂氏傾家蕩產的政治投資，在居相位後，得到豐厚的回饋，趙姬也貴為當朝的王太后，但仍與呂不韋藕斷絲連，隨著秦王年歲日長、知曉人事，呂氏深怕秦王政察覺後宮靡亂，後有報復行動，決定進獻嫪毐代替自己陪伴太后。嫪毐入宮後，果然深得太后的歡心，太后「事無大小皆決於毐」並得到豐厚的賞賜。為了掩人耳目，兩人移居秦國的故都雍都，甚至有了私生子。

　　秦王政對於母親和嫪毐的韻事早有所聞，親政後準備對此事加以處置，嫪毐察覺到秦王的敵意後，決定先發制人，假借太后的命令揮兵咸陽，欲置剛登基的秦王政於死地，卻反為嬴政所擊敗。嬴政底定亂事後，誅嫪毐三族，遣呂不韋回封地，一年

◁「蘄年宮當」出土於秦宮殿遺址蘄年宮，蘄即祈，有祈禱之義，蘄年也就是祈禱豐收之年。根據考古調查，此宮可能建於秦惠公時期，遺址位於今陝西鳳翔長青鄉。

　　秦王政二十二歲，依照秦的禮制已可以配冠帶劍至雍蘄年宮親政，鎮壓長信侯嫪毐之亂。

後，呂不韋畏罪恐誅，乃服毒自盡。

秦始皇統一霸業

　　秦王政即位後，仰仗著秦國國基厚實，在十餘年內逐次消滅了韓、趙、魏、楚、燕、齊等六個國家，建立了秦王朝，成為中國第一個統一的中央集權國家，秦王政以「始皇帝」自稱，這時他只有三十九歲，時間為公元前二二一年。

246BC 始皇元年
興建鄭國渠。

247BC
莊襄王薨，立太子嬴政代立為王，尊呂不韋「仲父」，李斯入秦為客卿。

秦始皇畫像

呂不韋青銅器印記

239BC 始皇8年
呂不韋著《呂氏春秋》。

虎符

237BC 始皇10年
李斯上書諫止始皇下逐客令，魏國軍事家尉繚入秦封為國尉。罷黜相國呂不韋。

234BC 始皇13年
攻擊趙國，平陽之戰斬首十萬，趙王敗遷往河南。

始皇元年		始皇8年	始皇9年	始皇10年		始皇12年	始皇13年	始皇14年

50BC　　　　　　　240BC

249BC
呂不韋為相，封文信侯。

秦封泥

呂不韋，清光緒戊子上海點石齋刊本。

241BC 始皇6年
五國聯盟，發動對秦的軍事對抗。

銅鏃，秦代遠射兵器。

238BC 始皇9年
嬴政至雍蘄年宮親政，鎮壓長信侯嫪毐之亂。

蘄年宮當

235BC 始皇12年
呂不韋畏誅飲鴆而死。

233BC 始皇14年
韓非來使。

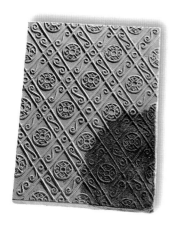

△太陽花紋磚磚面飾以斜線格界，內為太陽紋，紋飾空間適切地填入「S」紋，為戰國時期秦國的鋪地用磚。這塊太陽紋花紋磚，出土於陝西省咸陽秦一號宮殿遺址。

賈誼在＜過秦論＞中談到秦始皇時說：「及至始皇，奮六世之餘烈」，位於這六世端首的是秦孝公，可見人們對於孝公變法的肯定；戰國時特異的社會環境，使得尊法的秦國迅速壯大，在軍事實力上逐漸凌駕六國。

公元前二三七年，兩種完全相反的外交主張在秦始皇之前提出，一為丞相李斯的先弱後強戰略：先取韓。二為思想家韓非的遠交近攻主張，舉趙、亡韓、臣楚魏、親燕齊。雖然韓非成為宮廷政爭下的犧牲品，秦王政最後仍選擇了遠交近攻、先強後弱的策略，秦國的總兵力雖然強過六國的總和，但取韓可能會使他國聯軍，反之若先消滅六國之首趙國，可免重蹈公元前二四一年，以趙國為首的韓魏趙衛楚五國聯軍襲秦的覆轍。

因此秦王決定了各個擊破的攻略手段，趁著趙燕攻伐之際入侵趙國，使六國群龍無首，而後即使有勇士荊軻刺殺王，也難以抵擋秦國勢如破竹的攻勢。

十五年的征戰，使得秦王開創歷史的新局，但也給予北方遊牧民族由弱轉強，休養生息的契機。南方剛納入秦國版圖的百越及楚地等民族亦蠢蠢欲動；雖然秦軍曾經多次南征楚地，經略百越，但嶺南仍是秦國號令難以到達的區域，加上路途遙遠，軍糧難以補給，所以南進戰爭的初期節節敗退，直到靈渠運河修成，秦軍在楚地及越地分五處駐守，行農戰政策多年之後，在軍事上才有所斬獲，文化也漸漸融合，但敵意仍相當嚴重，以致有「楚雖三戶，亡秦必楚」的說法在民間流傳。

打通南海、對百越戰爭勝利之後，秦始皇調兵三十萬對匈奴征戰，秦軍大獲全勝，匈奴退至河南地七百里外，直至漢初。

227BC 始皇20年
燕太子丹使荊軻刺秦王，事敗。

荊軻，清光緒戊子上海點石齋刊本。

銅矛

222BC 始皇25年
王賁擊燕，俘虜燕王。

223BC 始皇24年
王翦、蒙武破楚，俘虜楚王。

阿房宮遺址（攝影/羅小韻）

219BC 始皇28年
興建阿房宮。封泰山，登琅邪刻石。巡視衡山。修築馳道。遣徐福入海求仙人。

始皇20年	始皇22年	始皇24年	始皇26年	
300BC	228BC	226BC	224BC	222BC	220BC	218BC

魏國銅器，安邑下官鍾。

225BC 始皇22年
秦將王賁擊魏，盡有魏國之地。

秦詔版

221BC 始皇26年
王賁擊齊，俘虜齊王。統一六國，改稱始皇帝。

220BC 始皇27年
全國實行郡縣制度，劃分為36郡。統一文字、貨幣、度量衡。鑄造十二金人。改稱河為「德水」，稱百姓為「黔首」。

半兩錢

治國功過

秦王政統一六國之後，為了彰顯秦宗廟和自身的偉大，改尊號為「始皇帝」，天子自稱「朕」。為加強中央極權，秦始皇在政治方面推動一系列的改革，包括皇帝制、三公九卿制和郡縣制，使權力集於統治者一人，達到「家天下」的目的，並收集天下兵器於咸陽鎔鑄為金人十二座，統一各國法制、幣制、度量衡皆採秦律，車同軌書同文，焚詩書、以吏為師等。為了監視各國巨富商賈，秦始皇更「徙天下富豪於咸陽十二萬戶」；之後五次巡行天下，名為巡行，實為監視六國貴族勢力並滿足誇耀的性格。在途中，秦始皇七次刻石記載自己的豐功偉業，強調「端本法度」、「作制明法」、「始定刑名」、「初平法式」，在在顯示了君主的意志已經成為秦律的中心與根源。始皇三十四年，李斯說：「今天下已定，法令出

一。」這個「一」即指秦始皇，推而廣之，度量衡等也只能有一種體制，法律部分固然以吏為師，這些吏是始皇帝同意才獲得正當性的，自此，中國古代法律皆在君主的詔令下編纂、頒布與施行，既所謂的「欽定」，這逐漸成為中國法律的基本特點之一。

△ 明朝萬曆元年《帝鑑圖說》其中刊印的秦始皇「坑儒焚書」。

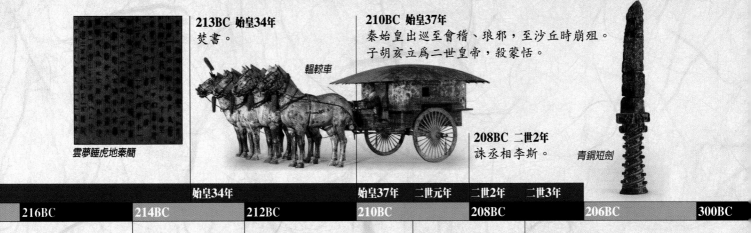

213BC 始皇34年
焚書。

210BC 始皇37年
秦始皇出巡至會稽、琅邪，至沙丘時崩殂。子胡亥立為二世皇帝，殺蒙恬。

輼輬車

208BC 二世2年
誅丞相李斯。

青銅短劍

雲夢睡虎地秦簡

| 始皇34年 | | | 始皇37年 | 二世元年 | 二世2年 | 二世3年 | |
| 216BC | 214BC | 212BC | 210BC | 208BC | 206BC | 300BC |

214BC 始皇33年
蒙恬伐匈奴，築長城。

212BC 始皇35年
繼續修築馳道，道九原、通甘泉。坑儒於咸陽。

209BC 二世元年
九月，諸郡皆反。將軍章邯擊退楚兵。

207BC 二世3年
趙高反。二世自殺而亡。趙高立孺子嬰，子嬰即位後殺趙高，誅趙高三族。諸侯入秦，子嬰出降，為項羽所殺。

長城(攝影/翟東風)

項羽像

秦始皇的帝國

建立中國歷史上第一個大一統帝國的秦王嬴政（公元前259—前210年），自稱始皇帝，是戰國秦莊襄王之子，十三歲繼承王位，二十二歲親理朝政，即展開統一六國的大業。前後歷經十年，秦王嬴政結束了戰國混亂割據的局面，揭開了中國歷史新頁。

秦王嬴政完成統一大業後，厲行中央集權，統一貨幣、文字、車軌、法律與度量衡，開馳道、鑿靈渠、修長城；為剷除反對勢力與箝制思想，秦始皇沒收銷毀民間兵器，並焚書坑儒；北逐匈奴，南征百越，最後形成了東起遼東、西到隴西、北自陰山、南抵南海這空前遼闊的帝國疆域。

秦始皇統一天下後，在咸陽仿建六國宮室，並五度巡行全國各地，每到一處便刻石立碑，記述自己的功績。始皇三十七年（公元前210），巡遊至沙丘平台（今河北廣宗，河北省南部，距邢台市60公里）病逝，同年九月，秦始皇歸葬驪山，終年五十歲，在位三十七年，稱王二十五年，稱帝十二年。

秦始皇「築長城，因地形，用制險塞，起臨洮，至遼東，延袤萬餘里」，是將戰國時北方燕、趙、秦三國舊修的長城連接而成。（攝影/翟東風）

隴西郡
臨洮

◇ 都城	■ 刻石地點
◎ 郡	→ 第五次巡行路線
⊙ 縣	╌► 輼輬車回程路線
⛰ 山岳	

刻石統計

1. 始皇二十八年鄒嶧山刻石（山東鄒縣東南）、之罘刻石、琅邪刻石
2. 始皇二十九年之罘刻石（山東煙台市的政治、經濟、文化中心，自古為有名的仙山）
3. 始皇三十二年碣石門刻石（河北秦皇島一帶）
4. 始皇三十五年立石東海上朐界中（江蘇東海縣南四里）
5. 始皇三十七年會稽刻石（浙江紹興）

◎ 蜀

秦帝國小檔案

秦朝國祚：十六年（公元前221—前206年）
中央官制：三公：丞相、太尉、御史
　　　　　九卿：奉常、郎中令、衛尉、太僕、廷尉、典客、宗正、治粟內史、少府
地方郡縣：地方分三十六郡，郡置守、尉、監　郡下置縣、鄉、亭、里、什、伍
兵役制度：凡十七至六十歲男子均須服兵役
　　　　　守邊一年者稱「戍卒」
　　　　　守京都一年者稱「正卒」
　　　　　赴縣聽差者稱「更卒」
貨幣制度：分金、銅兩種圓形貨幣
　　　　　金為上幣，單位曰鎰（二十兩）
　　　　　銅為下幣，以半兩錢為單位
度量衡：全國斗算長短、大小、輕重之標準
　　　　度的單位是分、寸、尺、丈、引
　　　　量的單位為合、升、斗、斛
　　　　衡的單位有銖、兩、斤、石

秦朝下令禁止使用六國各自通行的龜、貝、玉等幣別。規定全國統一使用金、銅兩種圓形貨幣。

始皇於巡遊途中病逝，李斯擔心發布皇帝死訊將引起秦國大亂，於是祕不發喪，將秦始皇的屍體置於輼輬車中，繼續北巡。時值盛夏，屍體腐爛發臭，還裝了一車鮑魚，以遮掩屍臭。（攝影/郭佑民）

象郡

遼西郡 ◎　　　遼東郡 ◎

九原郡　雲中郡 ◎　　　上谷郡　漁陽郡 ◎

代郡 ◎　　　右北平郡 ◎　碣石山　碣石刻石

雁門郡 ◎　　　廣陽郡 ◎

河水

上郡 ◎　　　太原郡 ◎　常山郡 ◎　　　勃　海

沙丘　　　之罘刻石　成山角

鉅鹿郡 ◎　　　齊郡 ◎　　之罘山

北地郡 ◎　　　上黨郡 ◎　邯鄲郡 ◎　濟北郡 ◎　膠東郡 ◎

回中宮　頭山　　河東郡 ◎　　河內郡 ◎　東郡 ◎　泰山　琅邪郡 ◎

內史郡　　　　　　　　薛郡 ◎　琅邪刻石

渭水　咸陽　驪山　三川郡 ◎　鄒嶧山刻石　鄒縣 ◎　彭城 ◎　東海郡 ◎

阿房宮　武關　潁川郡 ◎　博浪沙　碭郡 ◎　泗水郡 ◎　胸縣 ◎　胸界刻石

漢中郡 ◎　南陽郡 ◎　陳郡 ◎　　　淮水

南　海

秦始皇曾到泰山和梁父山舉行封禪儀式，並在泰山刻石紀念。（攝影/董瑞成）

九江郡 ◎

江水　南郡 ◎　衡山郡 ◎　彭蠡澤　丹陽 ◎　會稽郡 ◎

雲夢澤　　　錢唐 ◎

黔中郡 ◎　洞庭湖　　　　會稽刻石

東　海

長沙郡 ◎　會稽山

湘水　章水　浙江

靈渠　九疑山

離水

桂林郡 ◎　南海郡 ◎　閩中郡 ◎

北

地圖繪製・版面構成/蔡佩燊　0　120　240公里

南　海

哈薩克　俄羅斯聯邦　外蒙古

印度　　　秦帝國疆域　東海

緬甸

孟加拉灣　泰國　越南　南海

秦始皇併吞六國，統一天下後，開
始修築長城，起於臨洮、至於遼東，
延袤萬餘里。現今西北地區的長城大
多未再修葺，因此一片頹圮。
（攝影／翟東風）

因此，《漢書》認為秦始皇統一六國之後，「毀先王之法」，已由商鞅重農寓兵的理念，轉以君主為重心，大量重農的措施並未確實執行。秦皇在位後期，視天下的財力為己有，長期且大量消耗在築宮、造陵墓、修馳道、巡遊和求不死藥上，「求天下之資財以奉其政，猶未以澹其欲也」。在求仙的過程中，方士侯生、盧生認為秦始皇的個性殘暴，若求得仙藥不死，或許會為百姓帶來更大的痛苦，秦始皇聽到這種想法後，盛怒不已，決定連坐誅殺儒生四百六十餘人，上諫阻止的皇太子扶蘇也被遷置北方，死於李斯和趙高的奪權計謀之中。

另一件遭後世所詬病的政令，則是李斯所獻策的焚書令，焚書本為箝制思想，較早曾於秦孝公時實行；李斯所主張的焚書令特別針對各國史記，因為各國史記內充滿了對秦詆毀的記載，為了避免各國後裔因為讀史而興起的故國之思，秦始皇採納了焚書的建議，博士和官府的藏書則沒有受到波及，可見始皇、李斯焚書並非為了絕學，而是為了私學於官府。

中國古籍的浩劫並非秦始皇一人造成；項羽進入關中後「燒秦宮室，火三月不熄」，秦宮內的書籍多數化為灰燼才是禍首。後來蕭何隨著劉邦進入咸陽，「收丞相御史令圖書藏之」，數量有限，範圍僅在律令叢書，劉邦諸將「爭走金帛財物」，尤可見當時無人願意收集詩書史記，導致漢代的今古文之爭。

秦始皇統一全國之後，對諸多制度一併統一，在促進文化融合及社會經濟的發展上功不可沒，但也結束了中國思想百家爭鳴，最為激盪燦爛的時代。秦因奉行法家治國奠定根基，也因嚴刑峻法斷送了秦的國祚，加以繇役日重，社會漸不穩定，等二世即位，在權臣的謀劃下誅殺舊臣和公子，帶來統治集團的分裂，又加重民力的負擔，自此秦王朝也迅速走向歷史的盡頭。

△琅邪台刻石拓本。秦始皇舉行封禪儀式再到琅邪（今山東膠南南），住了三個月，期間建造了琅邪台，並立石刻讚頌秦朝功德，表明心情的得意。

◁秦兵馬俑的挖掘出土，引起全世界的矚目，世人得以親眼目睹秦朝的兵騎雄偉、陣容龐大，感受披堅執銳、萬馬奔騰的懾人氣勢。
（攝影/郭燕·夏居憲）

◁三號坑中的鎧甲武士俑，手執儀衛性兵器銅殳。
(攝影／郭佑民)

▷立射俑頭和身體微向左傾轉，昂首凝視左前方，呈
現持弩發射的預備姿態。

秦皇冥軍

秦始皇一生馳騁戰場多年，平定六國、征伐少數民族，

開拓了空前龐大的秦代疆域。

衛戍秦始皇地下王國的兵馬俑，重現當年秦軍將士披堅執銳的威猛氣勢

秦俑坑不僅是博大精深的軍事寶庫，更是輝煌燦爛的藝術殿堂。

开三

體高大、神態逼真的兵馬俑，是整個秦代軍隊組織的縮影，因此這當中出土的兵馬俑不僅數量驚人，而且種類繁複，依照不同的標準，可以做出不同的區分；若依照秦代的軍事建制，整個兵馬俑可以區分為下列兵種：騎兵俑、車兵俑與步兵俑。

根據編制，車兵俑又可細分為御手、軍吏、車左、車右。至於步兵俑的區分方式更為繁複，依編制分為附屬於戰車的隸屬步兵俑與單獨編制的獨立步兵俑；依裝備則分為輕裝步兵俑與重裝步兵俑；依階級又可大略區分為軍吏俑與一般步兵俑。此外，尚有不屬於軍隊編制的跽坐俑，陸續出土於馬廐坑與珍禽異獸坑。

騎兵俑

騎兵俑出土於二號兵馬俑坑，在整個軍陣中二號兵馬俑坑屬於佐軍配置，編制雖小但機動性強，騎兵相當符合這樣的特性。目前出土的騎兵俑群共有陶質鞍馬116匹，每匹馬前立有牽馬的騎兵俑一個，排列上以四匹馬為一組，十二匹一列，九列組成一個長方形的騎兵陣。

鞍馬身長約200公分，通首高約172公分，至鬐甲（馬脊）高約133公分，大小與真馬類似，馬首配有控馬的絡頭、銜鑣、韁索，馬背上則有供乘坐的鞍韉，馬身塗棗紅色、黑鬃、白蹄、剪鬃辮尾。這些馬頭部較重、鼻骨隆起、頸厚稍低而四肢發育良好，是力速兼備的優良馬，與馬廐坑出土的馬骨測量數值相對照，可以確定陶馬是以宮廷馬廐中的真馬為原型所塑造。

騎兵俑身高約180公分，體型修長、神態威武，頭戴圓形小帽，上身穿窄袖長及膝的上衣，下身穿緊口長褲，足著靴，外批鎧甲，腰束革帶，一手拉馬韁，另一手作持弓弩狀。據《六韜·武騎士》記載，秦代騎兵從受過騎術訓練的軍人中選擇，騎兵必須符合年齡四十歲以下、身高173公分以上、身體強健、行動機敏，同時騎術精良等標準方能入選。

▷陶馬被塑造成真實的良馬，具有短耳聳立、目似懸鈴的特徵，就連馬口這個部位都刻畫得一絲不苟。
（攝影/郭娟秋）

▽鞍馬就是騎兵的坐騎，二號坑出土的鞍馬大小與真馬相似，其勁健有力的四蹄矗立，張口作嘶鳴狀。

騎兵俑身高約180公分，體型修長、神態威武，頭戴圓形小帽，上身穿窄袖長及膝的上衣，下身穿緊口長褲，足著靴，外披鎧甲，腰束革帶，一手拉馬韁，另一手作持弓弩狀。

（攝影／羅忠民）

車兵俑

俑坑中出土的戰車可分為一般戰車、指揮車、馴乘車、佐車四種，車上所乘的御手、車左、車右、軍吏等，依照所乘戰車種類不同，其地位與裝束亦有些許差異。

一般戰車 一般戰車，就是戰士所乘的戰車，寬約140公分、長約110公分，高輪短輿，不巾不蓋，車上乘坐三人。居中者為御手俑，顧名思義可知其專司駕車，頭戴長冠，身穿齊膝長襦、外披鎧甲、下著短褲、腿脛縛有護腿，腳穿方口齊頭靴，雙臂前舉，雙手作執轡駕馭狀。而車左俑、車右俑則職司作戰，立於御手兩旁，與御手俑相較，車左（右）俑一般頭不戴冠，鎧甲甲片較大，手則持戈、矛等長兵器，伴隨出土的還有成束的銅鏃，表示作戰時不僅以戈矛擊刺，以弓弩射箭亦是方式之一。

兵法中武士的等級主要依照冠與所披甲衣決定，御手俑、車左俑、車右俑明顯以裝束來表現社會等級。值得注意的是，御手俑與步兵俑等下級軍吏俑的裝扮相當類似，由此可以推斷，御手俑的地位與下級軍吏雷同，而高於車左與車右，部分學者甚至認為在屬行徵兵制的秦國，御手應當為甲首所充任。

▷位於三號坑中間區域的車馬房，內有戰車一乘、陶馬四匹、陶俑四件，根據形式推斷該車馬應為指揮車輛。（攝影/郭佑民）

◁這件將軍俑出土於一號坑，身披魚鱗甲，前胸、後背各有帶狀花結三朵，神情莊重威武，一派沈著老練。

指揮車 春秋末年開始，因政爭的頻繁與軍事科技的發展，各國都出現了專司戰爭的軍事將領，而各級將領在戰場上的座車即為指揮車。秦俑坑中出土的指揮車與一般戰車基本形制相同，但指揮車以華麗的彩繪花紋為裝飾，而高級將領的座車甚至有華蓋。車上的乘員有軍吏、御手與車右三人，與一般戰車不同的是，指揮車上的軍右亦戴冠。軍吏依照地位高低，可分為身穿彩色魚鱗甲、頭戴鶡冠的高級軍吏俑（俗稱將軍俑）與身穿彩色花邊前胸甲、頭戴長冠的中級軍吏俑。

軍吏、御手、車右三者在車上所站立的位置，可以簡單區分為兩類，車右的位置不變，而御手與軍吏則有居中或居右的不同。御手職司駕駛，在《睡虎地秦簡》中記載：「駕驅除四歲，不能駕馭。」表示御手須經過四年的駕駛訓練方能勝任。車右職司護衛，以保護將帥的安全，《禮記‧曲禮》記載：若遇溝渠，車右要下車扶之，以防車之傾覆。表示車右尚負需負擔推車的任務，由於任務吃重，必須選用身高而多力者充任。軍吏則職司指揮，一號坑出土的指揮車上曾發現鼓的殘跡與銅甬鐘，《尉繚子》中說：「鼓之則進，重鼓則擊；金之則止，重金則退。」說明軍吏以鐘鼓之聲控制軍隊的行止。

▷秦俑坑發現的戰車，基本上都是以三名乘員為主，即一名御手俑（左）和兩名車士俑。右臂伸直作推車狀、左臂前曲半握掌作持長兵器狀的車士俑，又稱為車右俑（中），立於御手右側。馹乘車則多一位軍吏（右），頭戴長冠，身穿紅色長襦，披帶著有彩色花邊的前胸甲，著長褲，腿有脛繳，左手作按劍狀，右手持物不明。

▽陶馬形象類似現代中國西北地區甘肅、青海省一帶的河曲馬，說明秦代軍隊馬匹的來源，應是秦代西北地區的良種馬。

馹乘車　秦俑坑中出土的戰車乘員多數為三人，馹乘車僅在二號坑及三號坑各出土一輛，車上乘員為軍吏、御手、車左、車右，軍吏頭戴長冠，身穿紅色長襦，披帶著有彩色花邊的前胸甲，著長褲，腿有脛繳，左手作按劍狀，右手持物不明，御手、車左、車右的裝束與一般指揮車乘員相同。

馹乘車的基本結構與一般戰車類似，但馹乘車車身裝飾有彩繪花紋與華蓋，顯示車的級別較高。馹乘車不是秦代戰車的通例，通常是因特別要加強戰鬥力才會使用，但乘員增多勢必影響車速與機動性，因此是特殊狀況下才會使用的特殊乘法。目前出土的兩輛馹乘車，一者位於二號坑車陣的右前角，另一者則是作為中軍的三號坑中唯一的車輛，顯示這兩輛車在整個軍陣中的重要性與特殊性。

佐車　佐車，通常又稱副車，出土於二號坑左側，位於騎兵陣之前，排成兩列，每列三乘，共有六乘。車上僅有御手與車右，二者的裝束與指揮車上御手與車右相同，顯示級別較一般戰車高，因此可能是騎兵陣中軍吏的佐車，騎兵陣中的軍吏主要乘馬，佐車則是備用，亦可當作騎兵陣中的機動車輛使用。

壓造兵俑軀幹
陶俑的塑造是採用塑模結合的方法，這是因為如果全部都用塑造的方式，做成的實心陶俑在燒造時會燒不透。圖為在範模裡壓造軀幹。

就地取材
製作陶俑需要大量的黏土，這些黏土就地取材，都採自附近的驪山北麓。

陶俑尺寸
陶土原料在乾燥、燒造的過程中，會收縮5%以上，因此剛成型的陶俑要比燒成後的尺寸略大一些。

俑腿
根據裝束不同，陶俑的腿，分為粗、細兩種，粗的空心、細的實心。做成實心腿是為了在燒造時，不會因為上面的軀體太重而發軟變形。

分塊範模
有些範模是分塊拼成的，以便複雜的陶俑成型後，仍能順利取掉範模。

燒造溫度
由於陶俑的表面不飾釉水，因此燒造時，可以直接在窯中擺放。燒造溫度在攝氏950度－1050度之間。

調度
專人調度任務，分配各種陶俑的製作量，同時統計各個程序的成品量，以保證近八千件的陶俑和陶馬能依照要求完成。

足踏板
每個站立的陶俑雙足下都有足踏板，否則陶俑會站立不穩。而站立的姿勢不同，足部的動作也會有所不同。相對的，足踏板的形狀也有所變化。最常見的足踏板是長方形，其次是五角形。

俑臂
可分為直型臂和曲型臂兩種；兩種都是單獨製好以後，再接於胸腔兩側。所有的空心部件都要留孔，以防燒造時，裡面的空氣漲出，爆破了陶俑。

燒造前
陶俑必須在陰涼的境中慢慢乾燥，燒之前，要將上面的有灰塵雜物都清淨，然後才能進窯

種是分模壓塑，然後來拼成一個頭；另一一大半的頭，再用手外一小半頭。

秦兵馬俑的燒製現場
巧手下的千軍萬馬

秦代的歷史很短，但秦始皇集中全國的財富和人力，
造宮室、修陵墓、築長城，完成了規模驚人的工程。
在秦始皇陵東垣外出土的兵馬俑群雕，數量達八千件。
這種材質、規模、數量，都世界上獨一無二的藝術傑作。

由於兵馬俑是顯示軍威的群體雕塑作品，因此在整體的藝術構思上，工匠們在追求每一件作品具有一定個性的同時，也十分注重博大而又統一的藝術效果。

兵馬俑的民族特色十分強烈，中國人講求內斂、以靜取勝。因此，兵馬俑的人物動態以靜為主，動靜結合，表現了中國人以柔制剛、剛柔相濟的深沈內涵。在藝術造型上，則追求大同，在同中求異，又同異結合，在統一的強烈氣勢下，不失變化，達到千人千面的寫實效果。

在雕塑的技法上，運用了中國傳統的塑、捏、堆、貼、刻、畫等泥塑手法，使體量、型態、神韻、色彩、質感都有較佳的體現。強烈的寫實風格使得人物形象具有深刻的典型性，而這種逼真的寫實效果，在中國雕塑史上佔有非常重要的特殊地位。

圖・文／王其鈞

陶馬軀體和頭部
用黏土在範模裡分片壓成陶馬的軀體和頭部，然後對應拼接，做成空心的。陶馬的嘴是透空的，形成自然的排氣孔。

陶馬腿部
陶馬腿部是實心的，單獨做成，再和軀幹對接。軀幹與腿相接的部位陶土壁較厚，以承擔壓力。拼接以後，再用陶土修補拼縫，以使造型完美。

軀幹
軀幹是用黏土在兩組以上的範模裡拍壓成型，取出來以後，再用水和黏土拼成一個整體，因此，軀體的內部是空心的。

俑手
製作比較複雜，可分為四種──手指頭伸直的手，在兩個模子中間放黏土對壓，取開模子後，再修掉拼縫處多餘的陶土，這叫做「合模法」；指頭有彎曲的手，假如用兩個模子對壓，一旦打開模具，陶土的手就會壞掉，因此要多做幾塊模，模具向不同的方向打開，這叫做「分段合模法」；遇到動作比較複雜的手，用合模法比較難以壓製，就要合模與捏塑兩種方法並用；少數動作特殊的手，則需要匠人的直接捏製了。

俑頭
有兩種作法，一再把兩半對應起種是用單模壓成壓的泥餅做成另

秦俑一號坑是三坑之中最大的，是
戰車與步兵混合編組的軍陣，分別由
前鋒、後衛、主體與側翼等四個部分
組成，目前陳列的只是整個兵陣中的
一小部分。（攝影／郭佑民）

起重裝置

坑道的前方有入口和坡道，以便運輸和安放陶俑使用。陶俑很重，安置到坑道時，在坑道與坑道之間的土隔牆上，設有木製的簡易起重裝置，可以變換角度和距離，使陶俑垂直入位。

塗明膠

施色前要先在陶俑上塗一層明膠做底，以防止陶俑過份吸收顏料，並保證顏料的色澤光亮。

研磨顏料

陶俑燒成以後要塗上顏色，所使用的都是礦物顏料。這些顏料來自不同的岩石或泥土，要經過挑選和研磨才能使用。

步兵陣容

在一號俑坑中的九個開間裡，有戰車和步兵相間排列的三十六路縱隊，每個開間四路縱隊。步兵俑中，多數都穿著盔甲。

兵器

秦俑坑中出土的兵器種類很多，這是一種長兵器「戟」，是戈和刀的複合體，兼有戈、矛的優點，可以刺、勾、斬，一物三用，威力頗大。

塗色
陶俑和陶馬的施色方法
比較簡單,都是平塗。
但手、臉的部份有一些
色彩退暈,口、眼、眉
等都是精心勾畫。

頭部安裝
陶俑的身體安置妥當
之後,再把陶俑的頭
一一安裝到軀體上。

覆泥
3件拼接成型後,
有的陶俑上面都
覆泥一到兩次,
進行精細加工,
以保證每件陶俑都
有所不同,有其
獨特個性。

搬運
陶俑輕者不到110
公斤,重者將近
300公斤。因此,
無論燒造前還是燒
造後,搬運時都必
須小心翼翼。

△ 秦俑生動多變的面部形態與表情，歷經時間洗禮的考驗，贏得現代人「千人千面」的讚譽，同時也散發出凝重斑駁的美感。（攝影/郭佑民）

▷二號坑輕裝步兵俑（左），既不戴頭盔，又不著鎧甲，裝束輕便，行動敏捷，是秦國輕裝步兵的寫實造型。一號坑介幘鎧甲俑（中），屬於重裝步兵俑，是秦國步兵重要組成部分。一號兵馬俑坑出土的中級和下級軍吏俑均戴長冠，二者的區別在於中級軍吏俑為雙版長冠，下級軍吏俑則為單版長冠。此俑為身穿交領右衽長襦、頭戴單版長冠的戰袍軍吏俑（右）。

步兵俑

步兵，又稱「徒兵」、「徒卒」，是指軍隊中徒步的兵士。秦俑群的步兵包含兩類，一為隸屬於戰車的徒卒，另一為獨立步兵。

春秋之前的車戰是戰車與徒卒結合，一輛戰車會編制一定數量的徒卒，以便配合作戰，但戰國至秦時期，已經出現獨立的步兵兵種。兵馬俑中戰車與徒卒的搭配情況不一，如二號坑右側的戰車方陣就完全沒有配置徒卒；即使有搭配徒卒，人數也不一，以二號坑的情況而言，一般戰車以搭配8名徒卒為主，部分戰車搭配有28人或32人，應是軍陣中的居後的殿軍，或為加強防衛指揮車而特別增加徒卒人數。一號坑則因目前發掘的面積有限，較難確定戰車與徒卒兩者配置的情況。

至於獨立的步兵俑，在一、二、三號坑中都有發現，目前出土的數量超過900個，依裝備可以分成輕裝步兵俑與重裝步兵俑兩類，輕裝步兵俑約有近300個，身上無鎧甲，如一號坑東端的輕裝步兵俑，頭頂右側縮圓丘形髮髻，身穿及膝交領右衽長襦，腰束革帶，下身穿長度及膝的短褲，綁裹腿，腳穿方口齊頭翹尖淺履。輕裝步兵的軍吏目前出土兩件，身上裝束與一般輕裝步兵俑相同，只在區別身分的冠上有差別，一為頭戴單版長冠的下級軍吏，一為頭戴雙版長冠的中級軍吏，一般士兵則不戴冠。

重裝步兵俑目前出土600餘個，依照其裝束可以分為圓髻鎧甲俑、扁髻鎧甲俑、介幘甲俑，當中以圓髻鎧甲俑數量最多，約500餘個，頭上圓丘型圓髻為最大特徵，身穿交領右衽長襦，腰束革帶，外披褐黑色鎧甲，下身穿短褲、綁裹腿或護腿，腳穿方口齊頭翹尖淺履，部分則穿短靴，一號坑出土的圓髻鎧甲俑多為立姿，二號坑出土的鎧甲俑則多採蹲踞姿勢。

34

扁髻鎧甲俑目前出土的數量極少，集中在一號坑，裝束上與圓髻鎧甲俑類似，但髮型比較特別，全部的頭髮編成六股寬辮，反折之後貼在腦後以髮卡固定，髻上再穿髮簪。學者認爲扁髻鎧甲俑特殊的髮飾，應是爲戴頭盔而準備，因爲頭上如果綰著高而圓的髮髻，必然無法戴上頭盔。

介幘甲俑則頭戴介幘，「幘」在文獻中多解釋爲「韜髮之巾」，從秦俑的形像來看則是軟布小帽。介幘多爲紅色，上部有一尖頂，下部齊及髮際，將頭髮全部包在裡頭，幘的下口有小孔，用以繫繩固定。介幘甲俑身穿長襦，外披鎧甲，腿上綁裹腿或護腿，裝束與其他重裝步兵類似。

重裝步兵中的軍吏俑有高、中、低三個級別，三者在甲衣與冠上可看出不同，如二號坑中東端獨立步兵分陣中的高級軍吏俑，頭梳扁髻，戴鶡冠，身穿雙重長襦，外披彩色魚鱗甲，雙肩及前後胸甲上則有綴有彩色花朵。下身著長褲，腳穿方口齊頭翹尖履。衣袖半挽，雙手交握腹前作拄劍狀，是統帥這個步兵方陣的將領。

目前已發掘的中級軍吏俑，具有兩種不同的形貌，如二號坑中步兵方陣中的中級軍吏俑，立於前述的高級軍吏俑旁，身穿長襦，外披帶彩色花邊的前胸甲，下穿長褲，足穿翹尖履，看似一名副手。另一個出土於一號坑第四過洞獨立步兵俑前的中級軍吏俑，身上服飾如前述的中級軍吏俑，但甲衣有別，身穿前後帶彩色花邊的魚鱗甲，同時腰際有配劍。

下級軍吏俑則頭梳扁髻，戴單版長冠，身穿長襦，外披鎧甲，鎧甲形式較一般兵士鎧甲的甲片小，但形式又和高、中級軍吏俑的鎧甲不同，甲緣亦無彩色花邊，身穿長襦，下身穿短褲，腿上綁裹腿或護腿，腳上則穿履或短靴。

步兵俑又因所持兵器的不同，可分爲持矛、戈、戟等長柄兵器的步兵俑，或持配劍、金鉤等短兵器的步兵俑，以及持弩的步兵俑；而持弩的步兵俑，又依其姿勢分成立姿持弩俑、立射俑、跪射俑。

◁◁跪射俑左腿曲蹲，右膝著地，臀部靠在右腳跟上，兩眼專注平視左前方。

◁屬於輕裝步兵俑的立射俑，出土於二號坑東北角的弩兵方陣四周，在戰鬥中與跪射俑輪翻射擊，一起一伏，有助於增強戰鬥力。

「俑」，即埋葬死者時所陪葬的人偶。東漢大儒鄭玄在《禮記·檀弓》的注中說：「俑，偶人也，有面目，機發，似於生人。」俑依製作材質的不同，可分為木俑、石俑、玉俑、銅俑、陶俑等等。葬俑在古代喪葬禮制中的使用，學者認為是由生人殉葬演變而來。

殉葬制度的出現一般認為與「事死如事生」的概念有關，認為人去世之後，仍宛如在生之時，過著類似的日常生活，因此生前的生活器具，包括僕人奴婢，在死後仍必須一應俱全。由仰韶文化墓葬中開始可見的「人殉」現象，就反映了這樣的思想。而在商朝遺址，如鄭州二里岡與安陽殷墟的墓葬中，「人殉」的現象更具體可見，殉葬者以奴隸或俘虜為主。殉葬的習俗到了西周、東周春秋時期仍存在。在秦國，春秋中期的秦穆公卒時，《史記》上說「從死者百七十七人」，殉葬的人數相當龐大。面對殉葬這樣非人的制度，春秋戰國的思想家，如墨子就都相當反對，而主張必須「薄葬」，孔子更認為「俑狀似生人」，「以此而葬，殆將於殉」，葬俑也是一種「非仁」的表現，因此才有「始作俑者，其無後乎！」的感歎。

戰國之後，各國逐步接受廢止人殉這樣的觀念。在秦國，秦獻公元年下令「止從死」，正式廢除了人殉的制度。當代所發掘的戰國墓葬，如齊國一號墓，出土有男女侍俑、女舞俑、騎俑、武士俑等，而長沙戰國楚國中，則出土一批木質的彩繪奴婢與武士俑，這表示俑在戰國時期逐漸被大量使用，取代了春秋時代之前的人殉，此一時期的葬俑在種類及型態上，已經呈現出趨向多樣化的面貌，而秦始皇陵大量出土的兵馬俑，則正是此類葬俑工藝發展的極致。

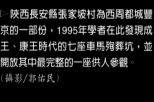

▽公元1998年於秦始皇陵二號坑出土的俑頭，雖然破碎散落一地，仍難掩精湛的陶藝雕塑技巧。顯示葬俑工藝發展的極致。（攝影／羅小韻）

▷陝西長安縣張家坡村為西周都城豐京的一部份，1995年學者在此發現成王、康王時代的七座車馬殉葬坑，並開放其中最完整的一座供人參觀。（攝影／郭佑民）

跽坐俑

　　目前出土的跽坐俑來自馬廏坑與珍禽異獸坑，身分都是宮廷中的僕人，如馬廏坑中的為養馬的圉人，珍奇異獸坑中的則為養鳥獸的圉人。身穿交領右衽長襦，腰束帶，綰圓髻於腦後，高66~72公分。出土時衣服為藍色或綠色，衽邊、領口、袖口多為紅色、紫色或白色，臉和手為粉紅色，頭髮為褐黑色。

　　其實，秦俑身上原本都有彩繪，但歷經兩千多年的時光，大部分都已變質，出土後又因接觸水氣與空氣，顏色脫落更快，僅存少數陶俑身上仍殘存色彩，而透過這些僅有的資料，可以復原部分的原貌，提供進一步對秦軍服飾的認識。

　　在一號坑當中，目前能確定顏色的上衣，包括長襦、短襦、摺服等，以粉綠色最多，占一半左右，其次為紅色、天藍、粉紫等色。下裳則包括長褲與短褲，最多者亦為綠色與紅色等顏色。

　　俑坑出土的各種陶俑，衣著上缺乏統一的顏色，同樣的兵種也常會穿著不同顏色的衣服，不同級別的軍吏俑身上，衣服顏色也沒有明顯的區別。由此可以推論秦軍衣飾的顏色並沒有軍種或等級意義，同時顏色相當豔麗，大多以朱紅、淺綠、粉紫、暗紫、天藍粉白等為主要的色調。

◁圉人俑出土於秦陵西側的曲尺形馬廏坑，頭綰髮髻並戴單版冠，雙手藏於袖內，目光平視，神態安詳。

▽馬廏坑位於秦陵外城以東，象徵秦始皇的御廏，跽坐俑則象徵管理馬廏的圉人，以及飼養珍奇異獸的人員。

▷秦俑一號坑目前陳列出來的只是整個兵陣的一小部分，整個兵陣長達184公尺，布局呈東西走向的長方形，由前鋒、後衛、主體及側翼四個部分組成。（繪圖／裴情那）

▽秦俑一號坑中戰車與步兵的排列，形如一個組織嚴密、排列有序的方陣。這個方陣並非交戰時的隊形，應是處於戒備當中，時時準備整裝待發的陣容。（攝影／董　敏）

古代戰爭相當講究陣法，也就是軍隊的編組，這在中國古代的戰爭中更是克敵制勝的重要關鍵，戰國時代《孫臏兵法》中就列有「八陣」、「十陣」等討論陣法的篇章。宋代名將岳飛則曾說「陣而後戰，兵法之常。」重視行兵佈陣，才能讓軍隊在戰場中如心使臂般的指揮，使成千上萬的軍隊協同作戰，發揮最大的戰鬥力。由秦始皇陵東側所發掘的一至四號俑坑，被認為是秦代中央的屯衛軍，也叫宿衛軍，這四個俑坑正好構成一個完整的軍陣編列系統，守護著背後的秦始皇陵。

關於始皇陵的四個俑坑所構成的軍陣編制，大部分學者都同意下列結論：由秦陵朝東的方向來看，位於右方的一號坑為右軍，位於左方的二號坑為左軍，三號坑則為軍幕，未建成的四號坑為中軍，亦有學者認為在四個俑坑之後，應另存尚未動土即停工，預計做為殿軍的五號俑坑。

整軍待發的一號坑

目前發掘出兵馬俑的前三個俑坑，一號坑面積最大，且出土陶俑最多，由已發掘出的部分來估計，當中應有陶俑、陶馬6,000多件、戰車40餘輛。依照探測研究，一號坑縱深約230公尺，寬約62公尺，坑中戰車與

步兵俑（5×4）

一號坑形制示意圖

步兵俑（5×4）
步兵俑（5×4）

◀北側長廊中有二列步兵俑，外側一列的兵俑（即左翼）北向，內側列東向。

▲西側長廊中有三列步兵俑，最外側的一列兵俑（即後衛）西向，餘二列東向。

俑坑試掘區

◀南側長廊中有二列步兵俑，外側一列的兵俑（即右翼）南向，內側列東向。

这是发现秦俑的井址
SITE OF THE WELL

△兵馬俑一號坑展覽館的門廳，樸實無華又不失典雅。（攝影/郭娟秋）

◁一號坑的布陣符合孫子兵法中「本必鴻」、「末必銳」原則，構成一個行止有序、進退有據，組織嚴密、固若金湯的軍陣編列。（攝影/郭佑民）

步兵的排列坐西面東，車馬與步兵俑皆為立姿，步兵有的持弓弩、有的持戈、矛、戟等長兵器，抬首挺胸、巍巍而立。

俑坑四周環繞著正面朝外的步兵俑，有鞏固中央部隊之意，東端的步兵俑，除三個為重裝步兵俑外，其餘皆為輕裝步兵俑，表示東端步兵為行動迅捷的前鋒部隊。

一號坑的主體部分由獨立步兵、戰車和附屬於戰車的徒卒所構成，第四、六、八號過洞內排列的是獨立步兵，徒卒則立於車前及車後，車前為三列，每列四個，共十二個，車後則人數不一。

一號坑中兵馬俑的武器配備，分布於四周的前鋒、後衛、側翼等步兵多持弓弩，中央的步兵則多持戈、矛等長兵器。

一號坑中戰車與步兵的排列，形如一個組織嚴密、排列有序的方陣，即《淮南子》中說的「前後整齊、四方如繩」。這個方陣並非交戰時的隊形，應是處於戒備當中，時時準備整裝待發的陣容。

△ 當年威風凜凜的秦軍將士，重見天日時卻已支離破碎，形成一片瓦礫。（攝影/羅小韻）

◁ 二號坑共由四個小陣組成一個曲尺形的大陣，形成兵書上所描寫「大陣包小陣，大營包小營，偶落鉤連，折曲相對」的陣式。（繪圖/裴情那）

隨機應變的二號坑

相對於一號坑的右軍，規模較小的二號坑則為左軍，可分為四個部分，東端的第一部分由持弓弩的步兵陣構成；南端的第二部分由戰車陣構成；中間的第三部分由車徒結合與騎兵的混合編制構成，北端的第四部分則由騎兵陣構成。

第一部分的弓弩步兵方陣，共有持弓弩的步兵俑332個，方陣中間為八路面向東方採蹲跪姿的重裝步兵俑構成，每路20個，共有160個。方陣四周則為採立姿的步兵俑，輕裝、重裝皆有之，方陣左後角有高級、中級軍吏俑兩個，應為此一方陣的統帥。方陣的特徵是採蹲跪式與採立姿的步兵俑交錯，在作戰時一起一落、輪番射擊，可使攻擊不致停頓，增加了殺傷力。

第二部分戰車組成的方陣，共排列戰車8列，每列8輛，應有戰車64輛，車為木質，已遭焚燬，現僅存遺跡。此一部分的戰車方陣，周圍沒有附屬的徒卒，在史書中是極為罕見的，同時八車為列，與史書中常提到的「五車為列」、「十車為聚」有所不同，是研究古代車戰的重要資料。

第三部分戰車、步兵、騎兵結合成的長方陣，19輛戰車排成三路縱隊，中間的一路有7輛，左路5輛車的最末一輛為指揮車。每輛車有徒卒8個，陣尾5輛車中的2輛有徒卒28個，另3輛則有32個，目的為保護指揮車。騎兵8騎則立於陣尾，一手拉馬韁，一手作提弓狀。這個車陣中戰車在前、徒卒在後的排列方法，被稱為「魚麗陣」，而騎兵在後為殿軍的編列方式，亦是商周以來車陣中未見的情況。行動迅捷的騎兵在後，可以做為通訊或支援戰車的機動兵力，也可以有效彌補車陣行動緩慢的缺點。

二號坑形制示意圖

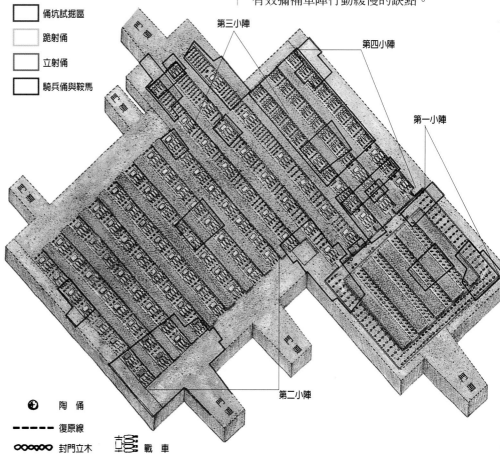

	俑坑試掘區
	跪射俑
	立射俑
	騎兵俑與鞍馬

第三小陣
第四小陣
第一小陣
第二小陣

☯ 陶俑
----- 復原線
oooooo 封門立木　　戰車

第四部分的騎兵陣，應有騎兵108騎，排成11列，第一、三兩列為戰車，每列有戰車3輛，第二和第四至第十一列為騎兵，每列有騎兵3組、每組4匹，共12匹，是目前中國考古發掘中所見最大的騎兵俑群。這個騎兵陣的存在證明騎兵在秦代已經是一個裝備齊全的獨立兵種。

　　二號坑中的四個小陣組成一個形如曲尺的大型軍陣，即兵書中的曲形軍陣，弩兵陣突出於左前方，戰車陣與騎兵陣分列左右，中間是以車、步、騎結合的長方陣，而以騎兵殿後。這四個小陣合成一個大陣，分則成為一個個各自獨立的作戰單位，合則成為一個協同作戰的大陣，當中奇變互用，是一個能隨時應用於各種戰場特殊需要的優秀軍陣。

▽二號坑的面積雖然不大，但兵種繁多、組織複雜、建築形式多樣、陶俑造型豐富，加上保存狀況良好，學者一致推認二號坑為三坑的精華。
（攝影／羅小韻）

二號坑開放考古現場的參觀方式，讓遊客得以在真實的歷史場景中，進入兵馬俑幽邈的神祕世界。
（攝影／羅小韻）

運籌帷幄的三號坑

　　三號坑的規模極小，分成車馬房和南北廂房，車馬房有木質戰車一輛，南廂房有鎧甲俑42個，北廂房有鎧甲俑22個。坑中伴隨出土有30件銅殳，殳在春秋戰國以後主要被用為儀衛性的武器，出土的30件銅殳代表當中的鎧甲俑應是擔任警衛職務的殳仗隊。三號坑既然有殳仗隊，則可確定三號坑應是統率一、二坑軍隊的軍幕。軍幕是指古代大將軍出征時以布幕為府而成的居所，也稱「帷幄」。

　　至於未建成的四號坑，據推測應是未完工時就因秦末反抗軍隊已經兵臨驪山，因此中途停工。四號坑南邊靠近一號坑，東距二號坑36.4公尺，西距三號坑20公尺，加上此一俑坑，在構圖上將會讓整個秦俑坑更為對稱而完整。四號坑中未見任何陶俑，無從得知當中將布置的軍陣與兵種為何，學者依照和其他三個坑的相關位置，推測此應為布置中軍的預定坑。

△三號坑位於一號坑的西端北側，二號坑的西側，模擬秦代軍隊的軍幕而建，是一號坑、二號坑軍陣的指揮部。（攝影/郭佑民）

▷三號坑中的鎧甲武士俑，手執儀衛性兵器銅殳，呈夾道式面對面警衛隊形排列，展現出古代軍幕的森嚴氣勢。（攝影/郭佑民）

◁三號坑是一號、二號坑的指揮部，所呈現的不屬於戰鬥軍陣，而是儀衛式的列陣。（繪圖/裴情那）

三號坑形制示意圖

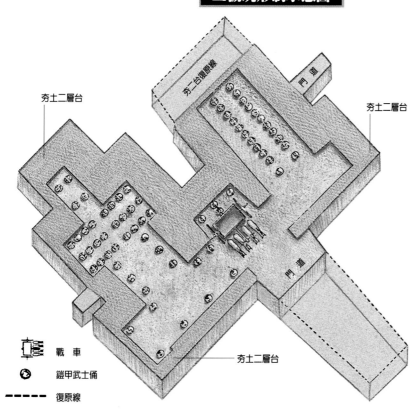

夯土二層台

夯一台復原線

門道

夯土二層台

門道

夯土二層台

🚃 戰車

⊙ 鎧甲武士俑

----- 復原線

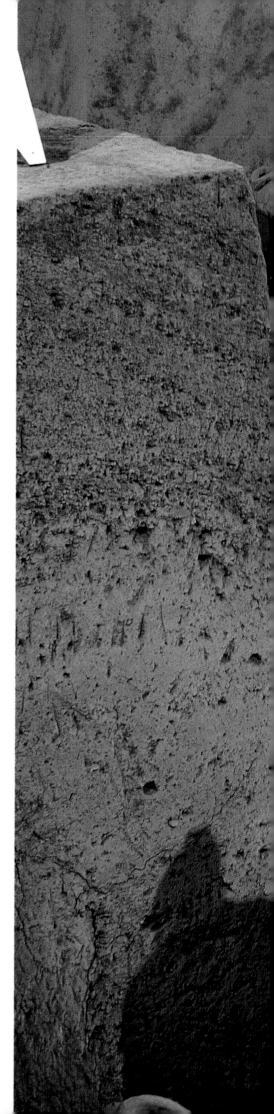

秦代的軍陣制度

▷ 一號坑中的前鋒部隊手執強弓勁弩，多著輕裝；軍隊主體則由駟乘車與身著鎧甲、手執長兵器的武士俑組成。（攝影/郭佑民）

△目前從二號坑發現的跪射俑有160件，通高約122公分左右，重達11公斤。

秦由商鞅變法之後，一躍成為當時最強的國家，關鍵是其中幾種重要的措施為「什伍連坐法」及一切利祿皆取決於戰功的「軍功制」，這樣的制度促使所有秦人，不論貴族與平民，在戰場上都奮勇殺敵而不敢退卻。《荀子》上說秦人治兵：「扼而後用之，用而後功之，功賞相長也。」也因為這樣一支「勇於公戰、怯於私鬥」的軍隊，終於造就了秦始皇統一六國的霸業。

秦人統一天下的基礎在於擁有一支善戰軍隊，這當中包括戰車千乘、騎萬匹、步兵百餘萬，在巴蜀與漢中尚有為數可觀的水軍。秦代軍人的來源主要是農民，有部分為奴隸及刑徒。秦代行徵兵制，徵召的年齡為年滿十七到六十歲之間，一般時期的服役時間為兩年，一年在各郡縣接受軍事訓練，一年則派往中央當衛士或到邊地戍邊，特殊情形則不在此限，戰爭時幾乎全國動員，秦、趙長平之戰時，曾「發年十五以上悉詣長平」，連不在徵召年限的孩童都必須赴前線作戰。

秦代的軍隊編制，平時有宿衛軍、邊防軍及郡縣兵三種，採取兵役的方式徵召組織。戰時則從郡縣調兵，臨時任命統帥率領出征，戰爭結束後則兵歸田，並不存在野戰性的長備軍。秦始皇時期，中央的宿衛軍有三種，一是皇帝的貼身侍衛軍，由郎中率領；二是掌管宮門的衛屯兵，由衛尉率領；三是防守京城的屯衛兵，除侍衛軍外，其餘都由郡縣輪番徵調。

秦代邊防軍人數相當多，《淮南子》記載秦國曾同時動員八十萬的邊防以分別防守長城及五嶺地區，這些戍守邊疆的兵卒，屯守在邊陲的要塞之地，有事則作戰，無事則從事修城等徭役。秦代的郡縣兵則是各縣屆齡的男子組成，軍隊由郡尉統轄，郡縣兵平時進行軍事訓練，訓練的內容因兵種而有不同，如御手必須經過車駕訓練等，訓練由各縣自行進行，由縣令、丞、尉等領導，訓練狀況不佳時，縣令等必須連帶受罰。

秦軍的軍隊編制由五人到一萬人共分七級，萬人為一軍。軍隊由中央委派的上將軍、將軍統領，其下的軍隊主要是由郡縣徵調而來，由各該郡縣的都尉、縣尉、士吏等統轄。目前秦始皇陵前出土的兵馬俑屬於防守京城的屯衛兵，當中的各級軍吏俑軍階為何？統率軍隊多少？因目前俑坑尚未全面發掘而無法確知，可以確定的是，現已出土的高級軍吏俑並非一個兵種或一軍的統帥，因此其地位應低於校尉。

在軍隊的獎懲制度上，秦則實行軍功爵制，商鞅變法時將爵制分為二十等，每斬甲首一人則進爵一級，死於戰爭中，仍可將爵位轉授其子，充分鼓勵在戰場上奮勇殺敵者。另外，並實行什伍連坐法，一人違反軍令則同什伍的人皆受罰，尤其對於臨陣脫逃、被俘不死等行為懲罰最重，這樣的相互監督、彼此控牽的制度之下，秦軍只能奮勇殺敵而別無他途。嚴刑與重賞，造就了百死無退的秦軍，奠定了秦統一六國的基礎。

△在商周，矛的重要性僅次於戈，矛是適用於衝刺的兵器，是用於直刺、扎挑和投擲的一種長兵器。此矛製作規整，表面富有光澤，刀鋒銳利，泛青黑色。

秦代兵馬俑是仿造一個完整軍隊所塑造而成，因此出土的兵馬俑身上所著服飾、鎧甲，手上所持的兵器等等，都是研究秦代軍事史的重要材料。俑坑中出土的兵器超過四萬件，當中的種類有遠射程的弓弩、劍鏃及裝箭的箙；另外還有屬於短兵器的青銅劍、金鉤；屬於長兵器的戈、矛、戟、鈹、殳、鋮等幾種。

集秦代兵器大成

兵馬俑坑中出土的兵器雖多達四萬件，但其中多為銅鏃，銅鏃可分為大型銅鏃及小型銅鏃兩類，大型銅鏃數量極少，其中第一型銅鏃鏃長41公分，鏃首長4.5公分，呈三稜錐形，重約50公克。第二型銅鏃長約36.5公分、鏃首亦呈三角稜錐形，有三個倒刺及血槽，小型銅鏃數量最多，長9.1~19.1公分。裝鏃的箙為長方筒型，用麻組編織而成，高29~32公分。

▷▽銅戟為秦代長兵器，為戈與矛的聯合體，是既可鉤殺又可啄擊的兵器，出土於秦皇陵兵馬俑一號坑。

△銅鏃為秦代遠射兵器，由銅、錫合金鑄造，秦兵馬俑坑出土的銅鏃，主要可分為大型銅鏃與小型銅鏃，此型屬小型銅鏃。

至於弩，秦俑出土的弩填補了中國弩發展史上的空白，秦弩在弩機上仍無銅廓，瞄準用的望山上也沒有刻度，這兩項特徵要到漢代才出現，顯示秦代的弩仍在發展的初期階段。

秦代的短兵器如青銅劍，劍身修長，通常約81~95公分，呈柳葉型。秦代的青銅劍與前代相較，劍身較窄而長，近鋒部束腰，以增加劍的穿透力，劍的表面呈青白色，含錫量高，劍上刻有「一」、「五」、「壬」等以作為編號。俑坑中的劍是實用利劍，但沒有使用過的痕跡，可能直接由武器庫直接運入。另一種短兵器金鉤，是以往從未見過的青銅兵器，形狀像彎刀，開雙刃，通長65.52公分，學者懷疑此種兵器即為《吳越春秋》中的「吳鉤」。

秦代的長兵器種類較多，計有戈、矛、戟、鈹、殳、鋮六種，多為銅製。戈是盛行於殷商時期的兵器，到秦之後逐漸沒落，戈頭為長胡四穿、弧緣無脊、刃內、闌兩端有上下齒，長約27公分。矛則頭寬而扁，中有脊，表面有平素無文的，也有帶風槽的。戟則是戈、矛二者的混合體，加上握把的竹柲，長約288公分。鈹的形狀如大斧，穿上長柄，用於砍殺。殳，頭呈三角錐狀，長約10.5~10.6公分，直徑2.3~3公分，以往未發現這種兵器，學者則認為應該就是史書中所說的「殳」，殳有稜無刃，不能用來擊刺，與戈、矛等相比是較為落後的武器，因此在春秋戰國

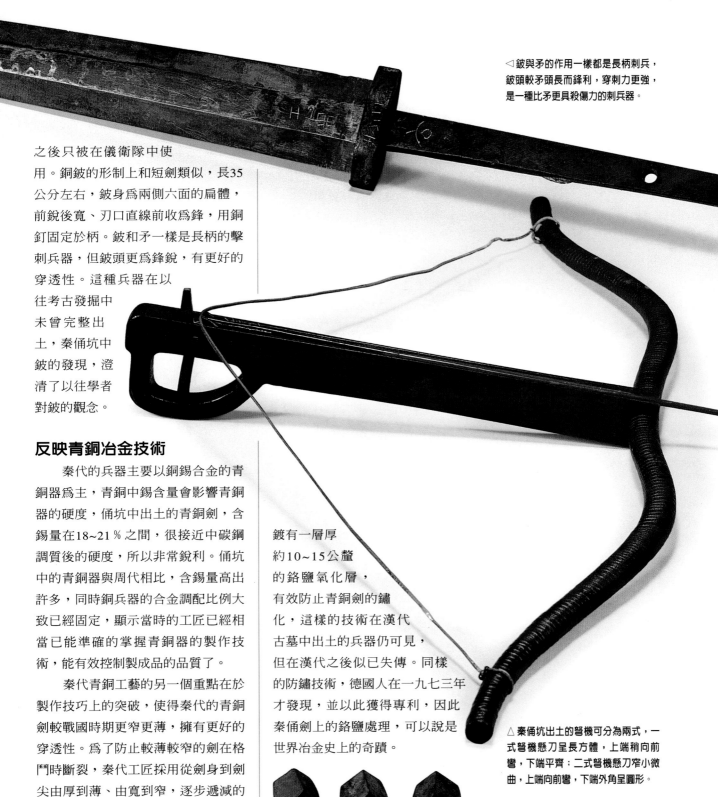

之後只被在儀衛隊中使用。銅鈹的形制上和短劍類似，長35公分左右，鈹身為兩側六面的扁體，前銳後寬、刃口直線前收為鋒，用銅釘固定於柄。鈹和矛一樣是長柄的擊刺兵器，但鈹頭更為鋒銳，有更好的穿透性。這種兵器在以往考古發掘中未曾完整出土，秦俑坑中鈹的發現，澄清了以往學者對鈹的觀念。

反映青銅冶金技術

秦代的兵器主要以銅錫合金的青銅器為主，青銅中錫含量會影響青銅器的硬度，俑坑中出土的青銅劍，含錫量在18~21％之間，很接近中碳鋼調質後的硬度，所以非常銳利。俑坑中的青銅器與周代相比，含錫量高出許多，同時銅兵器的合金調配比例大致已經固定，顯示當時的工匠已經相當已能準確的掌握青銅器的製作技術，能有效控制製成品的品質了。

秦代青銅工藝的另一個重點在於製作技巧上的突破，使得秦代的青銅劍較戰國時期更窄更薄，擁有更好的穿透性。為了防止較薄較窄的劍在格鬥時斷裂，秦代工匠採用從劍身到劍尖由厚到薄、由寬到窄，逐步遞減的方式，使劍本身更符合力學原理，也更具彈性。一號坑中有一件青銅劍，在出土時因被陶俑碎片壓住而彎曲，搬開碎片後，劍身隨即恢復原狀，顯示了劍本身強韌的金屬性質。

另外，俑坑中的劍在出土時並未生鏽，表面發出一種灰黑色的光澤，經過研究分析，證實是因為劍的表面

鍍有一層厚約10~15公釐的鉻鹽氧化層，有效防止青銅劍的鏽化，這樣的技術在漢代古墓中出土的兵器仍可見，但在漢代之後似已失傳。同樣的防鏽技術，德國人在一九七三年才發現，並以此獲得專利，因此秦俑劍上的鉻鹽處理，可以說是世界冶金史上的奇蹟。

方形臉型的鎧甲俑頭像
（「國」字臉型）

額頭較平

鼻翼明顯

細眉

人中突出

下顎骨較寬

短方形臉頰的鎧甲俑頭像
（「田」字臉型）

額部較短

眉毛寬而濃

鼻樑上部凹陷

鼻子短而寬大

顴骨突出

方下巴

（繪圖／王其鈞）

▽秦俑在面容上呈現多樣而寫實的風格，每個陶俑的神情栩栩如生。
（攝影／董　敏）

秦俑的發掘最為震懾人心的部分，除了驚人的數量外，也在於力求與實體等同的求真，如此構成的寫實，深刻地引導出每一具秦俑的生命力，使得每一位軍士都顯得栩栩如生，森嚴地守衛著地宮中的始皇帝。

秦俑之所以可以展現多樣的神采，在於匠者刻意塑造每一個陶俑的獨特個性，以模型做出大樣後，再針對每一個陶俑的細部一一進行雕刻，在五官、髮式、鬍鬚等方面都讓每一個陶俑現出其特殊性，因此每一個秦俑的面目看起來似乎都不盡相同了。

秦俑的臉部神態

由於秦俑是依照當時實際的軍士面貌為參考所燒製而成，因此在面容的呈現上相當多樣而寫實，目前已修復的七百餘件陶俑中，大約有百餘種不同的臉型，三百多種神態，每一個陶俑的個性都相當突出，而表情上則共同顯現肅穆、莊嚴、武勇的神情。

由頭型來看，秦俑軍士多是關中地區的秦人，或是西北、西南地區的少數民族，因此頭型多半偏向圓顱型的蒙古利亞人，但少數俑的頭上大下小，成瓠瓜型，近於歐洲人的長頭型，似乎說明了秦軍中亦有白種的高加索人。

若從臉型來看，秦俑的面容可歸納為今日中國人裡常見的國字形、用字形、田字形、目字形等幾種，如國字形的主要特徵即是臉呈長方形、額闊腮寬、顴骨高、下巴厚，五官粗獷，給人質樸的感受。

用字形臉型類似國字形，但兩頰及下巴較扁，五官也較為扁長、下巴較薄、細眉長目、大口薄唇，呈現出較為精明的神情。

田字形則近似圓形臉，臉型方圓、雙頰豐腴、五官端莊、氣質純樸。

目字形則臉型窄長，五官較小，細眉修目、薄唇，長相相對清秀。

秦俑的鬍鬚典型

秦人對於鬍鬚、頭髮等相當重視，根據《睡虎地秦簡》記載，秦代法律規定拔人髮鬚可判四年的罪刑。觀察出土秦俑臉上的鬍鬚，不難發現秦人的鬍鬚樣式極多，但幾乎都是在上唇留著八字鬍，再搭配其他部位的鬍鬚，構成繁多的鬍鬚樣式。秦俑鬍鬚除上唇的八字鬍外，這當中較常見到的還有絡腮鬍、三點水式的髭鬚、長鬚等。

留有絡腮鬍的秦俑多半顴骨較高，類似西北地區的遊牧民族，但鼻

子並不高大，鼻尖亦無下鉤，所以不易確定族屬。三點式的鬍鬚則是兩頰顴骨旁有一小撮濃髭，下頜有一小撮小鬚，唇上再配著八字鬍。長鬚的秦俑則較為少見，通常是下頜留有長鬚，上唇則留有八字鬍。

這些經過修飾、美化的鬍鬚，賦予秦俑多姿的形象與鮮明的性格，透過樣式繁多的秦俑鬍鬚，足以窺見秦人的生活並不刻板呆滯，可以各自追求所好，也可以擁有獨自的審美觀，選擇適合自己的儀容與生活情趣。

秦俑的圓扁髮式

由目前發掘的秦俑中，可以看出秦人對髮式的講究與多樣性，梳理相當整齊的秦俑髮式，真實地反映了頭髮在當時秦人心目中的重要地位。這些髮式可分為含圓髻、扁髻兩類，而圓髻可分為單台圓髻、雙台圓髻和三台圓髻，扁髻則可分為六股寬辮扁髻與不編成寬辮的扁髻。

圓髻 所謂的單台、雙台、三台圓髻，指的是將頭髮縮成圓髻的層次多寡。

秦俑結圓髻的方法是先將頭髮梳理整齊後，將雙鬢與後腦的部分頭髮編成三股小辮，然後將剩下的頭髮與後腦根部的小辮合攏於頭頂右側，用橘紅色的髮帶從根部束緊，折疊成圓丘型後以朱紅色的髮繩固定。而髮瓣的盤結方式也有變化，有的呈十字交叉，有的呈丁字形、樹樁形、大字形等等。秦俑中的輕裝步兵俑與大部分的重裝步兵俑都梳圓髻，圓髻是秦俑兵士髮式的大宗。

跽坐俑的髮式也屬圓髻，比較特殊的是不編髮辮，而直接將頭髮縮在腦後成圓丘型，這種圓髻上未見有束髮的髮帶、髮繩或髮卡等固定髮型的飾物。跽坐俑這種酷似女性髮式的圓髻，加上臉上鬍鬚較不明顯，剛被發現時還被誤認為女性。

扁髻 相對於梳圓髻為主的步兵俑，俑坑中梳扁髻的則多為軍吏俑、御手俑、騎兵俑和少部分的重裝鎧甲俑。扁髻類型有六股寬辮扁髻與不編成寬辮的扁髻兩種，有學者認為六股寬辮扁髻分為六股綰結的因素，與依陰陽五行推演，秦為水德而向「六」有關。

梳扁髻的秦俑除重裝鎧甲俑外有一個共通性是戴冠，戰國的葬俑到漢代畫像可以看出凡戴冠者皆梳扁髻，因圓髻會影響戴冠。秦俑中未戴冠卻梳扁髻者，如重裝鎧甲俑，則是為了方便戴盔，而所梳成的六股寬辮扁髻，因有髮卡和髮繩固定，在免盔時

圓髻

左右兩側的頭髮編成辮子引向髮髻

頭髮都向右上方梳

髮髻在右側

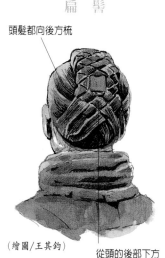

扁髻

頭髮都向後方梳

（繪圖/王其鈞）

從頭的後部下方分出六股頭髮，編成一條寬大的辮子，引向前方

△穿戴單版長冠時，會將前半段平版與揚起部分個別貼於額髮與頂髮上，再以冠帶沿兩頰繫於頷下。

▷一號坑出土鎧甲軍吏俑，頭戴雙版長冠，身著齊膝長襦，外披鎧甲，屬於中級軍吏。

▽大部分士兵都是在無頭盔的狀況下作戰，輕裝所帶來的敏捷性，大大提高了軍隊的殺傷力。（攝影/董敏）

也不易鬆散，是相當實用的髮式。

秦俑的頂上冠式

從秦俑坑出土的大批兵馬俑，只有一部分有戴冠，以冠帶繞綁於下頷固定戴於頭上的冠，不同的冠式代表不同的地位，如高級軍吏俑戴鶡冠，中級軍吏俑戴雙版長冠，下級軍吏俑與御手戴單版長冠，騎兵俑則戴皮弁小冠。

關於鶡冠，《後漢書‧輿服志》上說：「鶡者，勇雉也，其所對一死乃止，故趙武靈王以表武士，秦施之焉。」鶡冠是戰國時期，趙武陵王在執行「胡服騎射」的軍事改革時，由中國北方的遊牧民族所習來，秦代則繼續沿襲，成為高級軍吏的冠式，冠本身的顏色為深赭色，部分為紅色，冠帶則是橘紅色。

中級軍吏俑與低級軍吏俑則皆戴長冠，不同之處在於前者為雙版長冠，後者為單版長冠。

單版長冠長約15.5~23公分，前端寬約6.5~10.5公分，後端寬約13.5~20.3公分，形狀像梯形版狀前段平直，後段仰起約45度角，尾部則下折如鉤，穿戴時前半段平版和揚起部分分別貼於額髮和頂髮上，再以冠帶沿兩頰繫於頷下。

雙版長冠形狀與單版長冠相同，大小寬窄也類似，不同之處在於雙版長冠由兩片左右大小相同的長版拼合而成，因此中間有一條縱行縫。從現存的殘跡觀察，這兩種長冠大都是赭色或朱紅色，少數為白色，冠帶則為橘紅色，冠版硬且直，與褐冠類似，可能都是用皮革或多層的漆布折疊而成。

至於騎兵俑所戴的皮弁小冠，形狀像倒覆的缽，圓頂，前緣短而後緣長，兩側有一長耳，連接冠帶而扣於頷下，這種冠很小，只能蓋住頂髮。冠本身為赭色，上面有三點一組的梅花形散點遍布全冠，質地硬質，應為皮製。

秦俑反映出來的秦國髮式與冠式與其他六國相較，在防護上較為不足，反映了史書上所說的「科頭免胄」，秦軍是有頭盔的，這可由髮式中利於戴盔的扁髻看出，但僅限於少數軍吏穿戴，大部分的兵士則多是在無頭盔的「科頭」狀況下進行作戰的。

秦軍由於有「軍功」制度的鼓勵，在戰場上永遠士氣高昂，而「科頭免胄」所帶來的高敏捷性，也增加不少的殺傷力，促使秦軍成為戰國七雄中最驍勇善戰的軍隊。

在皇帝的徵調下，這一群來自全國各地的陶工，在始皇陵邊搭起一座座的陶窯，以當地的黃土，加上石英砂調成泥土，再以精湛的技藝進行雕塑，完成了震驚世界的八大奇蹟，並以兵馬俑見證的秦代的興盛與衰亡。

▽從陶俑身上顏色的殘跡推測，秦俑原本擁有絢麗多彩的顏色，巧妙襯托出靜態陶俑的熱烈、活潑氣氛。
（攝影／郭佑民）

形塑精雕焙燒塗彩

秦俑的製作方法，通常先用泥塑成俑的基本型態，再進行覆泥和雕刻細部，原則上頭、手、身體是分開製作的，然後再組合在一起，待陰乾後送入窯中焙燒，出爐後再一件件彩繪上色而成。

秦俑的頭部製作，是整個陶俑製作中比較複雜的部分，每個匠師所用的方法也不見得一致，通常是先製成粗胎，再進行細部的加工。而製作粗胚的方式多用合模法，也就是將俑頭分成大致相等的前後兩半，用模子分別完成後再黏合，合模線通常在耳後，但也有在耳中或耳前的。

俑頭的胎壁厚薄不一，薄的部分，如後腦，只有2~3公釐；厚的部分，如臉部，則有2~3公分。由於匠師會用手按壓陶土以使密實，因此胎壁內常會留下匠師的掌印和指紋。俑的頭型相當多，不同的頭型也會有不同的覆泥過程，如圓頭型和長頭型，在俑頭合模後通常不在頭殼外部再進行覆泥，但後腦較大的方形頭，則會在後腦覆泥再進行細部處理。

俑頭的粗胎完成後，開始黏貼五官和髮式、冠等部分，再分別進行細部的刻畫，這些另外黏貼的部分，有時會用模子製成後再進行細部的修整，有時則會直接在俑上堆泥雕刻，情況不一。經過了個別而精心的修飾後，每一個俑頭雖部分出於模子，到此時已看不出雷同性，每一個俑頭似乎都有了自己的神采和生命。

身體的製作方法也是先用模子做出粗胎，再進行細部修整。身體製作不是一次完成，而是由底板開始逐步堆疊塑造，然後雙足、雙腿及短褲、軀幹、再黏貼上雙手而成。完成身體的粗胎後，則進行細部的修飾，先在粗胎上覆一層細泥，然後在細泥上雕刻出衣襟、衣襬、領口、鎧甲、腰帶等各種身體上的服飾及裝飾。完成所

有步驟後，將頭與軀幹接合，待其陰乾後入窯焙燒，出爐再進行彩繪，一個兵馬俑才算完成。

雕塑兵馬俑的匠師

兵馬俑的作者是誰？是一個相當令人感興趣，但不易解答的問題，所幸在兵馬俑的身體某些隱蔽處，會刻畫或戳印文字，可以做為追索兵馬俑作者的線索。這些留下的字數極少，多半只有一兩個字，是負責製作的陶工之名，目前共發現陶工名字249個，扣掉重複的還剩80個名字。

這些留下名字的陶工可以分成四類：第一類為名字中有「宮」字者，如「宮水」、「宮得」、「宮系」，「宮水」為秦代燒製磚瓦的地方，由此推論「宮得」、「宮系」等的「宮」字應是宮水的簡稱，「得」、「系」應是陶工的名字。第二類為名字中有「右」或「大」字的，則代表是來自「大匠」的陶工，「右」來自「右司空」的陶工，大匠與右司空都是官署控制的磚瓦製陶作坊。第三類為來自地方的陶工，在名字前常會冠上地名，如「咸陽衣」、「咸陽高」等，由此可知除官方的陶工外，秦始皇尚從各地徵調陶工。第四類的名字中則因缺乏地名或官署名，因此不易判斷來自何處。

秦俑上出現陶工的名字，與秦代「物勒工名」的制度有關，《呂氏春秋》上說：「物勒工名，以考其誠。」這樣的制度起源於商鞅變法，除秦俑外，伴隨出土的兵器，也常見到督造者、主造者的名字。

各地陶工豐富秦俑面貌

秦俑體態上的特徵，與製作者有相當的關連，如以製作者刻名的第一字為代號代表所製作的陶俑，則可以發現「宮」字類多圓頭型的俑，體型上多體態雄健。「咸」字類則臉型清秀，體態較有韻律感，頭型較為多樣化。

另外，製作技巧上兩者也有差異，宮字類的陶工技術純熟，水準較為平均，在陶俑身體各部分的比例對比上較為準確。咸字類陶工雖亦有不少優秀作品，但其中部分陶工的技藝較為粗劣，在身體比例和四肢的協調性上，出現失衡的狀況，如有時會出現雙手長度有別，部分則外衣過短、腿部過細，顯出頭重腳輕的現象。

在燒陶的技巧上，宮字類陶工也比較能準確的掌握火候，同時為防止焙燒過程中陶俑發生爆裂，工匠們會在泥土較厚的部分留下通氣孔，讓內外受熱比較一致，使陶俑不易產生變形。咸字類陶工所燒製的陶俑多呈青灰色，由於受熱不均勻，有時會呈現出黑色或外黑內紅的現象。

在形態的表現上，宮字類的陶工由於身處官府，對駐紮的宿衛軍較為熟悉，因此，在表現宿衛軍強健的體魄與性格時會較為傳神；來自民間的咸字類陶工，則多依個人生活經歷所接觸的軍人形象雕塑陶俑，因此表現出來的陶俑形象不如宮字類陶工細緻，但因每個陶工生活經驗的不同，反而能表現出各地不同的人物面貌，使秦俑多了幾分社會寫實的色彩。

總之，秦俑造型深具靜態寫實與動靜結合的特色，不但突顯群體又能展現個體神態，即使兵馬俑只是直立靜止排列，也令人誤以為俑群們正準備往前邁進。統一中有變化，靜穆中有躍動，不僅充分展示秦軍所向披靡的氣勢，更顯現令人驚歎折服的藝術魅力。

△陶俑頭頂右側綰圓髻，身穿交領右衽齊膝長襦，屬於輕裝步兵俑。

秦皇車駕銅車馬

擁有「青銅之冠」美稱的秦陵銅車馬，

以精準的造型、華麗的裝飾、完備的駕馭工具，

和精湛的創作工藝著稱，

難怪漢高祖劉邦見到始皇巡遊車隊時，

也忍不住驚歎：「大丈夫當如是也！」

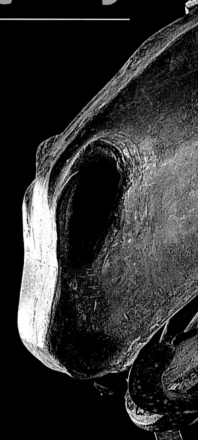

秦

始皇兼併六國之後，自認功蓋三皇，德高五帝，因此曾五度巡行天下，展示帝國的威儀。秦始皇出巡時所乘坐的車子稱爲「金根車」，車子是由六匹馬所駕，讓太僕（九卿之一）親自趕車。前面的馬車以虎皮蒙住馬眼，警蹕車（類似現代總統的前導車）護駕開道，後面的馬車掛著豹尾，並用桃木製作的弓箭避邪驅魔，秦始皇則與皇后、嬪妃、寵臣、文武百官、皇子公主等浩浩蕩蕩，在前擁後簇的車隊中出巡。

兩千年後銅車馬重見天日，不但讓後人對於秦代青銅工藝的驚人水準大爲歎服，更是今日研究先秦車馬文化的最佳藍本。

銅車馬重見天日

一九七八年的夏天，考古工作隊在秦始皇陵西側發現了一座面積大約3,000平方公尺的大型陪葬坑，並在此發現一件馬頭上的裝飾品——金泡，因此初步判定底下可能有銅車馬。就在坑南的一條地下坑道中，又發現五

條用土牆隔成的通道。每個通道中都有一部馬車，有的是用銅製成的馬車，有的是當時實際駕馭的車子。

一九八〇年十月，考古工作者開始挖掘始皇陵封土西側的一座小陪葬坑。到了十二月，發掘出兩輛大型的彩繪銅車馬。坑內有個用枋木搭建成的長方盒狀的木槨，兩輛銅車馬面西，一前一後縱向排列，置於木槨中。由於年代久遠，木槨已經腐爛，只留有一些灰跡和木板的印痕。

根據現場留存的遺跡，可以看出木槨的結構情形。首先，在坑底的南北向，先平鋪一層木板做爲槨底，然後在土坑四壁以枋木（檀木）砌成木槨的四壁。木槨上方原本搭有南北向的棚木做成的蓋板，棚木一根一根密集排列。可惜出土時，棚木已經腐爛成白色粉末。木槨四壁交接的角並未發現卯榫結構，也未發現釘槨用的釘子。從現場遺留的朽木遺跡來看，木槨側壁的枋木緊緊頂住兩端枋木；棚木分別搭建在南北兩側槨上、南邊木槨外的土隔牆，和北邊木槨外的台上，進而形成一個長方形的木槨。木槨因年代久遠腐爛，而使上方的填土塌陷，置於木槨內的車馬均因坑內的

▽西元1980年出土於秦皇陵西側陪葬坑內的彩繪銅車馬，是中國迄今發現形體最大、裝飾最華麗、保存最完整的銅車馬，更被喻爲中國的「青銅之冠」。（攝影／郭佑民）

塌陷而嚴重毀損，但基本上位置變動不大，結構完整。經過八年辛苦的修復，已恢復了原貌。

一號銅車馬出土時，車前所駕的四匹銅馬都向北邊傾倒，依次疊壓，車輿、車輪和傘蓋都已壓成碎片，各種車駕上的配飾物件都斷成零件；駕車的御手俑基本上還算完整，車馬的彩繪顏色則多已脫落。

二號銅車馬出土時，車前所駕的四匹銅馬也向北側倒臥，馬腿多已折斷。駕馭銅馬的工具比較好，沒有太大的變動。車輪及車子的篷蓋都斷成碎片，馬車上的彩繪也已剝落。銅車、銅馬和銅俑大小則相當於真車、真馬和真人的一半。

秦陵銅車馬以精準的造型、華麗的裝飾、完備的駕馭工具和精湛的創作工藝著稱，展現出秦人智慧的結晶。這是秦陵考古工作者繼秦始皇陵兵馬俑坑之後，又一新發現。它所對於研究秦代的車輿制度、工藝技術有很大的意義。

天子車駕規模

秦漢時期，皇帝出巡必備車駕，稱之為「鹵簿」。這種車馬儀仗總計有三種不同的規格：「大駕鹵簿」，有車八十一乘（四馬一車為一乘）為最高規格；其次是「法駕」，有車三十六乘；小駕有車九乘，是最低的標準。而上述的兩乘銅車，屬於法駕鹵簿中的立車與安車。

《後漢書》記載：「立乘曰高車，坐乘曰安車」，而當中所說的高車（亦稱立車），不是專指站立乘坐的車子的名稱，高車只是相對於坐乘的車子而言。高（立）車與安車均屬副車，主車是「金根車」。經過考證，車隊前面的第一輛車，古稱「高車」，而第二輛車則稱為「安車」，高車在前，安車在後，排成一組，是秦代皇室車輿制度的縮影。看到它，我

們可以想像當年秦始皇車隊「大駕鹵簿」中，八十一輛車子浩浩蕩蕩出行的場景。

由於銅車馬的內涵豐富，結構複雜，有御手俑、駟馬、繁複精工的駕車工具以及裝飾物件，車（輿）、馬、蓋三者之間，又存在著細密而有意義的關聯性，因此清理、復原銅車馬的工作，至為艱鉅，若無嚴謹的科學態度和豐富的文史知識，幾乎難竟其功。整體看來，銅車馬具有獨立性，它是一組繫駕完整的車馬結構，車、馬的每一個配件都相互依存。若要把所有的配件組合成為一個整體，首先需清理所有的碎片，並找出它們之間的關係，一一編號，再加以個別繪圖、照相、記錄，以作後來修復、組裝、考察、研究的準備。銅車馬出土伊始，為了修復青銅器中最難修復的矯形問題，考古學界研製出壓力矯形機，才將已經被壓變形的殘餘銅片，恢復成原銅車馬的形狀。

高車形制

從外觀來看，高車的車體小巧玲瓏，車輿呈橫長方形，繫駕關係完整，有一長柄的圓形車傘撐起它的高度。傘分傘骨、傘蓋兩部分。傘骨在傘柄的頂端呈放射狀均勻排列，一共有22根，它的作用是用來支撐圓拱形的傘蓋。車輿左右兩側有欄板，兩欄板上沿各自向外折出，形成外高內低的車耳平台。在前面的欄板上面緊貼著一雙層軾板（車子前方可以憑依的木板），兩面彩繪，其高度剛好到達御手俑的腹部。行車時，駕車的御手只需要將腹部抵住軾板，就可以讓身體保持平衡，避免因顛簸而搖晃，進而空出雙手來駕馭馬車。車輿後面敞開，不設欄板，是為了方便乘員上下。車輿內大小約可容納二至四人，車輿左邊空出來的位置，是為了等待尊者。

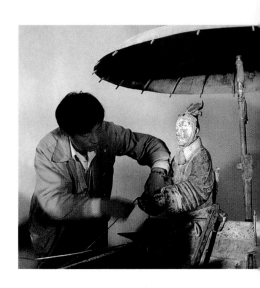

△ 考古人員秉持著「修舊如舊」的原則，修復結構精巧的銅車馬。
（攝影/郭佑民）

▽ 在長期重壓下，銅車馬的車蓋已經變形破碎。修護人員細心黏合支離破碎的一號銅車馬車蓋。（攝影/楊異同）

兩乘銅車馬深埋地底兩千多年，加上坑頂塌陷，出土時早已是支離破碎，工作人員花了五年半的時間考證研究，才完成銅車馬的修復工作。
（攝影／羅惠民）

車上原本應該有三名成員，除了駕車的御手外，還有車左和車右。車左主射箭，車右手持長兵和盾，主刺擊。由於一號銅車（高車）是秦始皇車馬儀仗中的一乘，是儀仗中負責警衛性質的戎兵車。整隊車馬已準備妥當，車子的主人尚未登車，所以按照當時禮儀推測，車上應只有御手一人。御手站在傘下偏右處，腰部配戴青銅長劍一把，腰繫玉環，頭戴鶡冠，腳上穿著秦朝的方頭翹尖鞋，雙眼前視，兩手拉著馭馬韁索。繩子分別繫於馬嘴旁邊的銜環，用來牽動馬匹口中的銜橛，類似現今「煞車」的作用。

在雙層彩繪軾板的內側，以子母扣連接了兩條綏帶，綏帶的外觀是絲束狀，打結成花，長度可以垂到車輿的地板。「綏」的作用是供乘車者上車時所用的繩索，人站在地上，以手握住綏帶，就可以順勢上車。高車為

兩輪、單轅（車前兩邊用來控制馬的木頭），駕四馬，每匹馬兩條彎繩，供御手驅使。該車的造型與裝飾在不失皇室華麗氣派的同時，在裝備上卻是以武器為主。我們可以將其視為帶有兵器性質的車，它輕便的設計，目的即在於此。

高車兵器配備

高車是秦始皇車馬儀仗中的一乘，是儀仗中負責警衛性質的兵戎車。高車車體設計較為輕巧靈便，車輿內配置了弩、矢、盾等多種兵器。在高車前輪上方的左邊斜放了一青銅製的弩弓，弩弓頂端架放在輪前伸出的兩枚銀製的「承弓器」上。弩臂的後端靠在車前的軾木上。

「承弓器」在出土文物及傳世品中為數不少，一般都是成雙出現，在秦俑坑內的戰車遺跡也曾出土過。該物的用途長期以來無從明瞭，洛陽中州戰國車馬坑中出土的「承弓器」，出土時是放在弩臂的前端，學者認為它的用法應該是裝在弩臂的前端以承掛弩弓，所以將它定名為「承弓器」。但是，在一號銅車馬出土後才發現，這是裝在車子的前軾以用來掛弓的。而「弩」在古代兵器中是一種可遠射的兵器，在中國兵器史上占有非常重要的地位。一號銅車出土的銅弩，雖然只是模型（因為只有實品大小的一半），但是它的結構完整、造型逼真，是研究弩兵不可多得的實物標本。

▷一號車軾前左側有突出的銀質承弓器，上面置放青銅弓弩一副，是具有強大殺傷力的遠射兵器。（攝影／郭佑民）

▷▷一號銅車馬御官俑立於圓形傘蓋下，憑軾而御，神情恭謹自然，軾前左側有兩個承弓器，上置青銅弓弩一副。（攝影／郭佑民）

▽一號銅車馬所配置的弓弩，裝飾著華麗變形龍紋圖案。弩機下有一長方形外廓，樣似現代槍枝的板機。（攝影／郭佑民）

一號銅車馬古稱高車或立車，是天子出巡時，在車馬儀仗隊中擔任警衛和開道任務的車輛。整輛馬車由3064個金、銀、銅質的零件組成，結構繁複，工藝精湛。（攝影／郭佑民）

▷這個箭箙附屬於一號銅車馬，是一方形盒子，上有開口，開口可開可關，箙內放置銅箭。（攝影／楊異同）

▷▷二號銅車馬御官俑跪坐於前室，面帶微笑執轡駕馭，身旁有一根長74.6公分用來趕馬的策。（攝影／郭佑民）

▽銅盾牌是一號銅車馬的配件，盾的正反兩面有絢麗的花紋圖案，是研究和了解古代防護兵器的重要實質資料。（攝影／郭佑民）

此外，還有裝箭的箭箙兩件。一個是懸掛在左邊欄板外側，成長方筒狀，筒口鑲銀，箙身用繩索綁在車輪上，表面有用色彩畫成的花紋。筒口中露出十二根銅箭的箭羽。另一個是位於前面欄板內側的銅質箭箙，這個箭箙是一方形盒子，上有開口，開口可開可關。箙內放置五十根鋒利的銅箭，另外還有四根平頭銅箭。這是符合當時禮儀制度，古書有言，弩矢是指五十根箭為一束，弓矢則是一百根箭一束。

在秦俑坑挖掘過程中，曾出土了兩大類的銅鏃，一類形體較小，一百簇（箭頭）一束；另一類則形體較大，出土時大都散亂在車旁。在一號銅車馬中所發現的箭，與秦俑坑中體型較大的鏃較為類似。結合起來分析，小鏃處應為弓矢，大鏃應該是弩矢。因此，可以區別出古時候五十矢一束和一百矢一束兩種不同情況。

除了弩、矢箙之外，在車右軾內側還插有一面盾箙，這是目前在考古發掘中，出土的年代最早、形狀最完整的盾牌。盾牌的正面和背面都有都有繪有顏色的變形龍紋圖案。與此款相類似的兵器在以往的考古中也經常發現，如湖南長沙的戰國墓曾經出土過三件。中國古代車中有盾的，在乘車和戰車中都有發現過。一號銅車的左輪上置有箭箙，軾前偏左置弩，右側輪上置盾，盾一般和戈、矛等兵器搭配。因此，在御手的左邊和右邊應該還有持弩的車左，和持戈、盾攻擊的車右。

為什麼車右使用的兵器比較多呢？因為秦朝的戰車都從左邊轉彎的緣故。在戰場與敵人對峙、廝殺的時候，當戰車左轉時，右側向外，這時車右配備的武器，就可以發揮殺敵、禦敵的功效。一號銅車馬已經整裝待發，但此時主車上的主人尚未登車，按照禮儀，作為副車的一號銅車上的車左和車右也不能登車，這可能是車上只有兵器和御手，但卻不見車左、車右的原因。

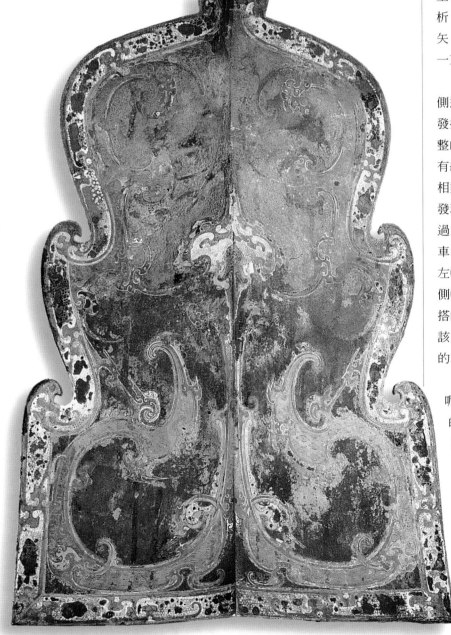

安車形制

相對於高車，安車的形制就大多了。安車也是單轅四馬，四靷（引車前行的皮帶）八彎，另有一橢圓形的車蓋，將前、後兩輿（車廂）都包含在車蓋下，而成一完整的車體。安車車體較長，有前、後兩輿。和高車不同的是，安車的後輿是一個可讓人座、臥的小房間。安車車輿的設計非常精美，從下面看，車底鑄有斜方格的皮條編織紋，象徵著車底是以皮條編織而成。車底的正面鑄有正方紋格，凸起呈浮雕狀，看起來很有質感，和現代椅子上面的軟墊極為相似。前輿的前面及左右兩邊裝有欄板，左邊開門，供御手上下車。前輿與後輿用欄板間隔開來，御手俑就跪坐（類似現在的跪坐）在前輿內的軟墊上做駕車狀。安車御手俑與高車御手俑相比，服飾大致相同，而神韻表情各有不同，安車的御手俑更顯得謙恭謹慎。位於前室的御手俑正好置於車蓋的前檐之下，可以不受風霜雪雨之苦。車檐的高度剛好與御手的頭頂平齊，因此不用擔心車檐會擋住視線，由此可見古代工匠設計之用心。

後輿前面欄木的上方，有一個像門簾一樣可以掀開的窗戶，左右兩邊又各開一個可往外推開的小窗。這三個小窗戶的窗板都是用銅鑄成鏤空菱花紋的小孔，每一鏤孔排列整齊，四孔為一組，成一菱形花紋。透過密集的鏤孔，即使將窗戶關起來，仍然可隱約地看到窗外大致的狀況，具備了

▽ 安車車箱中的銅方壺。
（攝影／楊異同）

70

現代紗窗的功用。

　　車內軟墊的前方設有幾行長條的橫木（軾），人跽坐在前車時，可以憑靠在車軾上，車軾下方是中空的，可以讓乘車者在跽坐時將自己的膝蓋伸入。左右兩邊窗戶下面各有一塊小平台（古稱「較」），它的位置在車輪的上面，跟外側的車輪平行，可讓人將手肘放在上面，是乘車者在休息時轉換身體重心的支撐點。因此，車內可任人坐、臥、憑、依，感覺身心舒適。人在車內，可坐可躺，開窗能飽覽沿途的美景，閉窗則能閉目養神。對乘車者而言，安車之設計，可謂體貼入微。

　　此外，安車車廂的四面車壁上開有窗戶，兩邊是可以左右開合的推

窗，前面的車壁為可以上下開關的支窗，車輿的後面則有一扇門，門上裝有可以隨意開關的單扇門扉，門扉和車壁裝有活動式的鉸鏈相連結，鉸鏈，就是裝在門窗等物件上，方便開關的裝置，也稱做合葉；左、右兩邊的窗戶上各有一個活動把手，可以用來推拉窗戶。這種有門有窗的車，如果將它全部打開，車內就會通風涼爽；相反地，若將它全部關閉，車內就可以保持溫暖，這就是古時候可以調溫的車子，古名叫輼輬車。秦始皇最後一次出巡時死於沙丘，載在輼輬車上運回咸陽，實際上就是這種車子。不過輼輬車到漢代發生了變化，上面加了柳翣（古時候棺材上的一種裝飾），變成了喪車。

△二號銅車馬古稱安車，俗稱輼輬車。前為御官俑駕馭，後供皇帝乘坐，窗扇密布鏤空小孔，既可以擋風遮陽，又不影響皇帝觀賞風景。
（攝影／郭佑民）

安車裝飾

安車車體全部彩繪，車篷的內側以及四面廂板的內外，均在白色的底色上面繪有變形的龍鳳紋、流雲紋，以及各式各樣不規則的幾何圖案。出土時，在車蓋的上面，發現有部分殘存的絲帛，說明原來車篷上應該披蓋著彩帛。古代不同等級的人所乘坐的車子，不但形制有所差別，連車子裝飾和塗繪的顏料也都有差異。

古書記載，天子的坐乘是富麗典雅、安穩舒適，並且以金銀、花紋為裝飾，從安車看來，它以大量的金銀為飾，再加上車體均繪有瑰麗典雅的彩色花紋，由此可見，它不是給一般貴族大臣乘坐的馬車，而應該是供皇帝使用的車輛。而車上除了御手俑所配戴的長劍外，並無其他兵器。

御手和車乘

兩輛銅車的八匹馬的馬鬃前段修剪平齊，靠近脊背上的鬃毛則沒有修剪，馬鬃上有修剪的一段中，有一撮豎立的鬃毛，這是刻意剪成的鬃花，也就是單花。為什麼馬要剪鬃？這和古代的禮儀制度有關。《儀禮》記載：「主人乘惡車，馬不齊髦」。惡車是指喪車，齊是修剪的意思，古時喪車馬不剪毛，除了喪車以外，一般馬恐怕都要修剪背上的鬃毛。

馬額上有左右分叉兩的鬃毛，叫做「文髦」。安車的四匹馬脖子下都懸掛著纓絡，古代馬車，有一種裝飾品叫做繁纓。賈誼《新書‧宙微》中提到：「繁纓者，君之駕飾也」。繁纓有兩種形狀，其中一種是穗形，因此，安車四匹馬脖子下的纓絡，也可稱之為「繁纓」。此外，安車與立車的右驂馬的額頭上有一個半球體的銅泡，其上鑲有十六顆金珠。

銅泡正中央為一「纛」，纛是一高26公分的銅柱，柱端上有一纓絡狀的穗形裝飾。纛是古代天子乘輿馬頭上的裝飾物。設纛之制似始於秦，盛於漢。一、二號銅車馬是目前出土的文物中，僅見的一例「纛」的實物標本。

銅車馬中的服馬（中間兩匹馬）舉頸昂首前方，驂馬（四馬中最左和最右邊的兩匹）頭略轉向兩邊，張大的鼻孔如同正在喘息一般。馬一年長出二顆牙齒，牙齒長到八顆就可以算是成馬，銅車馬的馬匹口中都有六顆牙齒，說明此馬均處在精力充沛的青壯年期。

銅俑的塑造也是一絕。根據中國古代畫家的實際經驗，人的身長和頭的比例應為「立七坐五盤三半」。而這兩乘車的御手俑，一立一坐，一號車御手俑符合「立七」的比例；二號車御手俑是跪坐比盤坐要高出一個腳掌的厚度，但由於身體前傾如弓，其高度也是「三個半」頭。

兩件御手俑的頭部所戴的冠，與秦陵兵馬俑坑出土的將軍俑所戴的鶡冠相同。此冠在秦漢時代，是武官及皇帝的近臣才可配戴。此外，兩件銅御手腰間所繫佩劍，說明了御手的身分和地位都是屬於比較高級的御官，而不是一般的御手。兩件御手俑的面部，細至睫毛、短髭和髮絲，都像真人一般自然，毫無雕飾斧鑿之痕，就連衣服皺摺跟指甲都是精雕細琢，表現出強烈的真實感。

△ 立車御官俑的正面與背面都像真人一般自然，表現出強烈的真實感。
（攝影／楊異同）

▷ 安車全車都有紋飾，在白色的底色上面繪有變形的龍鳳紋、流雲紋，以及各式各樣不規則的幾何圖案。
（攝影／郭佑民）

清晰完整的繫駕關係

在中國古代的文獻中，確實有過不少關於車馬繫駕關係的記載，可惜其中文字或過於簡略，掛一漏萬；或晦澀難通，令人莫名其妙；再加上歷代學者的考證各執一理，眾說紛紜。在考古挖掘中，儘管出土過不少刻在畫像石上，及畫在壁面上的車馬出行圖，但大部分畫技簡略，線條抽象。而挖掘的車馬坑多又由於年代久遠，木車、挽具及繩索早已朽爛成灰，再加上盜墓賊的擾亂，幾乎無法復原成當初的模樣，很難讓人對中國古代車馬的繫駕關係形成一個完整而清晰的概念。

因此，明確的古代車制及繫駕關係在中國考古學中始終是沒有得到徹底解決的一大問題。值得欣慰的是，秦陵銅車馬經過清理、修復，絕大部分配件已按照原狀復原。又由於銅車馬製作精細，嚴格模擬安車與立車當時的樣子。因而，秦陵銅車馬第一次為世人提供了一個完整清晰的秦代皇室車輿形制及繫駕關係的寫真模型。

兩輛銅車均為單轅，轅身在車底與車軸結成十字相交後再向前筆直穿出，前段揚起。前端以「轅在下，衡在上」的結構綁成一根十字形的衡木。在衡木與轅結交的地方，兩邊再各自綁上一個用來扼住馬頸的曲木，叫馬軛。衡在前，轅在後。這兩種結綁方法符合「以馬駕軛，以軛連衡，以衡拉轅，以轅帶車」這樣一個運動過程。凡是車輿、軸（車輪的中心）、轅（車前兩邊駕車的木頭）、衡（車轅上的橫木）、軛（在車衡兩端扼住牛、馬頸背上的曲木）的交接處都鑄出皮帶纏繞紋，來說明這些車體構件原本是各自獨立分開，而後用皮條綁紮連接成為一體的實用車體構造形式。

車駕四馬，兩服兩驂。服馬駕軛，軛的內側綁著駕馬用的靷繩。兩服馬左右相對稱，挾著車轅站立。服馬外側為驂馬，驂馬頸部沒有軛，而是套用靷繩來拉車。驂馬的靷繩為單肩斜跨，在馬肩環繞一圈，通過驂馬身體外側，向後延伸到車底，服馬靷繩前端綁在軛腳，順車前駕馬的木頭往下沒入車底。服馬的靷繩繫在車軸上，驂馬的靷繩則分別繫在車底偏後處的兩根縱向欄木上。一匹馬一條靷繩，所以，靷繩共計四條。

控制馬的皮具稱為「轡繩」，每匹馬各有兩條，所以四匹馬總共八條轡繩。轡繩前端繫綁在馬嘴兩旁的銜環和橛紐（銜環和橛紐都是用來控制馬的速度的工具）上。服馬內側轡繩的後端綁在車軾的瓊軜上，其餘六條轡繩（包括服馬外側轡繩，驂馬內、外轡繩）後端均握於御手俑手中。這就是《詩經》所謂的「駟牡孔阜，六轡在手」。查看全車，均未發現煞車裝置，因此推想御手俑手中的六條轡繩，除了控制車馬起動、直行、轉彎，應該具有控制車馬快跑、慢行及緊急煞車的功用。

綜上所述，車和馬之間的關係清楚，脈絡有序，澄清了許多過去有關這方面似是而非，甚至是訛傳多年的問題，它不僅成為研究秦代單轅車繫駕方法的重要實物資料，更彌補了歷史文獻上的不足，讓吾人更加了解中國古代車和馬的繫駕關係。

青銅藝術的明珠

從藝術造型來看，這一組銅車馬氣勢宏偉、工藝絕倫，可稱為青銅藝術史上的一顆明珠。整體造型嚴謹、生動。銅馬神韻各不相同，造型活潑生動，比例拿捏準確。銅俑和銅馬塑造時，不僅注意傳神，而且寫實，達

△ 二號銅車馬又稱安車，後輿是一個可讓人座、臥的小房間。
（攝影／郭佑民）

△ 銅碼頭部的刻畫相當細膩傳神，造型符合中國古代的良馬特徵。
（攝影/郭佑民）

到了形神兼備的藝術效果。雖說馬和人本身靜止不動，但在神韻上都彷彿是真人、真馬一般。

在戰國時期出土的青銅器上，很難見到畫有圖案或加以繪色的。但是在始皇陵出土的銅車馬上，可看到車馬整體繪色，局部以金、銀鑲之。花紋有夔相（變形的獨腳龍或鳳）的龍鳳紋，以及各種樣式的幾何圖形、花紋，將青銅器點綴得多姿多彩。

在中國青銅器製作歷史中，殷周時期的銅器花紋都是鑄成素色紋，沒有彩色的效果；到了春秋戰國時期，出現了金銀交錯的新青銅工藝，雖然比以前要算是進步一些，但還是無法做出多種樣式的花紋。到了秦代，在青銅器的製作方法上，突破了以往的限制，可以用五彩繽紛的顏色，描繪華麗多彩的花紋樣式，而且兼具省時、省工的效用。例如銅車馬的車體彩繪，某些花紋的樣式採用了推繪法的技術，也就是線條畫得宛若浮雕一般的突起，極有立體感，這種藝術手法也是中國藝術史上首次發現的。

工藝技術精湛

秦陵銅車馬每乘車輛都用好幾千個部件所組成，製作的工藝水準極高。其中採用了鑄造、焊接、沖鑿、鑿刻、拋光，以及各種機械連接的工藝技術。雖然埋藏在地下兩千多年，但出土後，各種不件的操作仍然非常靈活。

銅車馬的造型原則是根植於中國傳統追求神韻的基礎上，刻意寫實，要達到這種形神兼備的工夫，製作銅車馬的工匠就得是一等一的箇中高手。我們也可以清楚地了解，當時製作的工匠，包括造型、燒鑄、加工、施彩等工藝技術，必然反映出秦代完整的社會基礎條件，才能達成青銅工藝的完美結合。工匠們甚至擁有一定的社會地位，憑著巧奪天工的手藝，

參照了當時生活中的真實車、馬和御手，做出了這一組在形式和功能兼備的成功作品。

首先看車，據文獻記載，「輪輻三十以象日月」，秦代是以一車輪三十車輻為定制，而這裡的車輪就做了三十根車輻。文獻又記載「輿方法地，蓋圓象天」，這兩乘車也是方輿、圓蓋。這一切都是模仿真實的造型原則。至於車輿的木結構框架，框架上的編織皮條，各連接部位的繫綁皮條，窗、綏上的絲束拉帶，馬頭上的纖細纓絡，無不維妙維肖，一絲不苟。

再來看馬，兩輛車的八匹馬口中均為六顆牙齒，正值最佳使役期。馬的造型風格與兵馬俑坑的陶馬一致，只是驃悍雄壯更勝一籌。服馬端立，驂馬頭部微微向外偏，頗具動感，連他們身上的肌肉也被雕塑出來。

御手俑分站立、跪坐兩種姿勢，是目前出土的秦代人物造型中最好的兩例。站立的是高車御手俑，嚴肅中透露出些許輕鬆；跪坐的是安車御手俑，恭謹裡帶有一絲的微笑，兩人裝束一致，頭戴雙卷尾鶡冠，身穿長襦，腰間佩帶青銅長劍。這些服飾可看出這兩位御手是比兵馬俑坑中出土的御手還要高的級別。兩人雙目向前直視，雙手均向前伸出，拇指、食指各自分開，其餘三指併攏，表現出拉著彎繩的姿態，連雙手的造型都幾可亂真。

當這兩輛車組裝起來之後，彷彿時光又回到兩千年前秦始皇的時代。只看到秦始皇一聲令下，眼前所見的是大隊車馬揚起的塵土，耳邊響起的是御手駕馬的叱吒聲。路上傳來的馬蹄聲可知道，這會兒是抖動彎繩，等會兒是拉緊韁繩，在這樣浩浩蕩蕩的聲勢中，秦始皇又再度踏上了出巡的征程，這就是銅車馬造型藝術攝人心魄的地方。

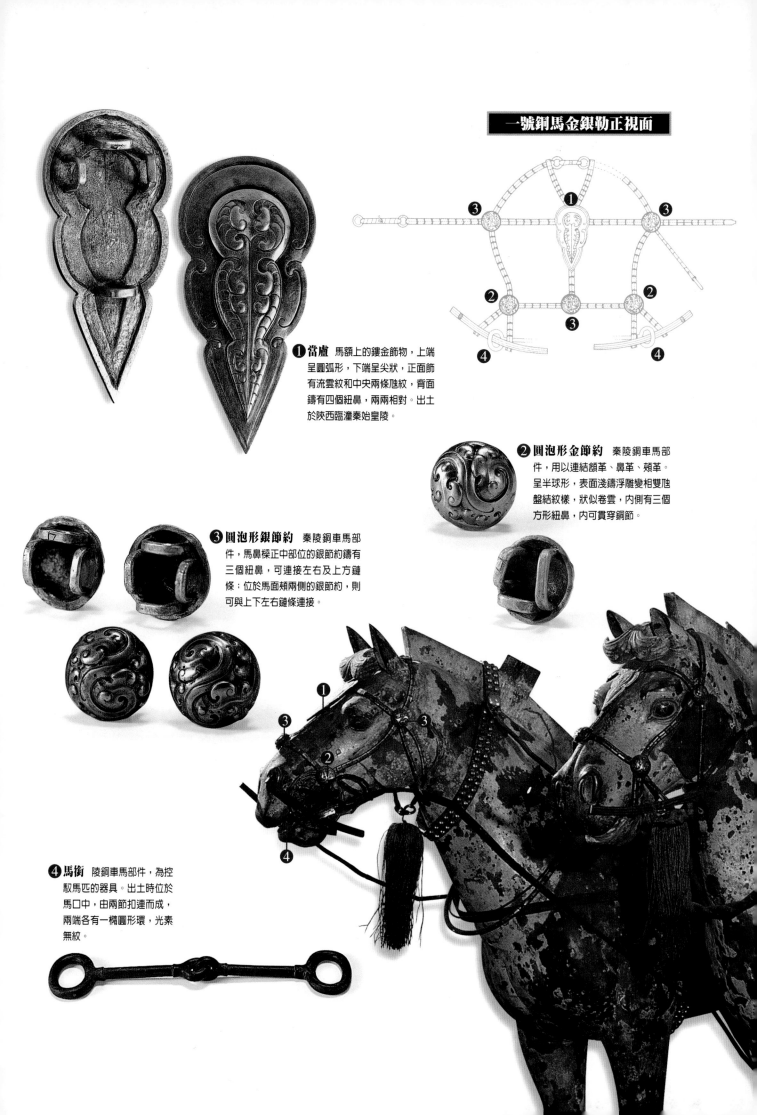

❶ 當盧 馬額上的鎏金飾物，上端呈圓弧形，下端呈尖狀，正面飾有流雲紋和中央兩條虺紋，背面鑄有四個紐鼻，兩兩相對。出土於陝西臨潼秦始皇陵。

❷ 圓泡形金節約 秦陵銅車馬部件，用以連結額革、鼻革、頰革。呈半球形，表面淺鑄浮雕變相雙虺盤結紋樣，狀似卷雲，內側有三個方形紐鼻，內可貫穿銅節。

❸ 圓泡形銀節約 秦陵銅車馬部件，馬鼻樑正中部位的銀節約鑄有三個紐鼻，可連接左右及上方鏈條；位於馬面頰兩側的銀節約，則可與上下左右鏈條連接。

❹ 馬銜 陵銅車馬部件，為控馭馬匹的器具。出土時位於馬口中，由兩節扣連而成，兩端各有一橢圓形環，光素無紋。

◁ 安邑下官鍾，魏國銅器，秦人戰利品。高領圓口，鼓腹蓋上有三環狀雲紋紐。

▷ 跪射俑屬於重裝步兵俑，出土於二號兵馬俑坑東端弩兵方陣的中心位置。

秦風文物

歷經春秋戰國百家爭鳴的洗禮，

秦代文化展現豐富多元的特點，

隨著統治地域擴大，體制、風貌更趨成熟，

內容上也愈益充實豐富，

秦文化進而走向新的發展道路。

個朝代的物質文明，以及藝術、文物的風格形制，與當時的政治組織、社會型態之間有著密不可分的關係。秦王政於公元前二二一年統一天下，建立了中國歷史上第一個大一統的帝國，在政治上建立了中央集權的君主政體和行政制度的規模；在文化上完成了文字和法度的統一。在藝術風格上，研究中國文物史的學者，一般都將秦代只有短短十五年間的文物表現，視為介於春秋戰國時代，與日後的漢唐帝國間的過渡與轉化時期，並在這樣的轉變中產生了秦代特有的風格。

兼容並蓄的秦代文物

秦代文物的重要特點，是伴隨著中央極權，和強大的國家統治發展出眾多大型工藝品、建築，以及軍事兵器的製作。從秦始皇陵的挖掘當中，我們得以窺見當時的服飾衣冠、兵器鐘鼓，中央君主行軍令時使用的虎符，宣告統一度量衡所用的詔版，以及秦代重要的浩大工程水道設施等等。

在風格上，秦代文物的形制也多與春秋戰國以降，重視華麗雕工的圖案不同，而較為重視物品的實用價值；表現在青銅器裝飾上，花紋的簡約尤其明顯。而受到法家思想的影響，與過去周代重禮制的儒家內涵有所不同，秦代的工藝品，也反映出社會中這種「由儒轉法」的思想轉變。

大體而言，秦文化是在周文化的基礎上，融入西北戎狄風俗所孕育而成，這樣的融合清楚的表現在一些日常生活的器物上，如秦軍的騎兵所穿的靴和褲，就是由北方的遊牧民族所傳入。秦的先世發源於渭河上游，該地自古以來就是中原文化與戎狄文化的接觸地帶，而秦的先祖歷來都善於牧馬，也說明了秦早在建國之前就與北方的騎馬民族有一定程度的文化互

△陝西咸陽塔兒坡出土的提鏈鈁為秦代禮器。鈁是戰國末期出現的新器種，壺體正方，故名鈁，實即方壺。此鈁有蓋，束頸，鼓腹圈足，下腹部有銜環鋪首，活鏈龍頭提樑。

▷將軍俑頭戴鶡鳥冠，冠戴繫於頷下，神態莊重，展現懾人威儀。
（攝影／羅忠民）

動，春秋五霸中的秦穆公，拓土西疆，併西戎五十餘國，從這些秦國的發展史當中，說明了秦文化上的兼容並蓄。而在秦俑當中，也可以看到這樣的多樣性，秦俑面貌中有部分留著形象威武的絡腮鬍，學者認為這些軍人可能來自遊牧於中國北方的少數民族。

秦統一天下後，秦國的政治手段和始皇本人的強勢統馭作風，雖然受到後世的批評，但短短十五年的歷史，卻留下眾多足供後代沿襲承用的制度與文物，如文字、貨幣與度量衡的統一等制度，已然成為中華文化重要的一環。

反映社會階層的服飾

古人的服飾，往往反映當時社會的階層狀況。秦代除了麻織品之外，還出現各種絲織物，人們在衣服的質地、色彩和款式方面都有了較大的進步。當時的服飾除了禦寒蔽體，滿足人們對美的裝飾之外，更成為「昭名分，辨等級，分貴賤，別親疏」的工具。秦代紡織手工業的迅速發展，也充分反映出秦人的社會風貌和人們的生活習慣。

平民常服　秦代人們日常所穿的服飾稱為常服，有長袍和短衣兩種。長袍是由先秦時的標準禮服發展而成，力求符合穿衣者的體態特徵。秦式長袍是一種夾服，有裡有面，身分較高者所穿的袍面一般為輕薄的絲織物，而平民所穿的袍面則為粗布織物。短衣則和今天的背心差不多，往往也有厚薄之分。

秦代一般農民所穿的衣服，多為粗布，稱為「短服」。褐是麻、毛織品。當時限於工藝水準，麻、毛之類的原料加工十分粗糙，因而成為生活在社會最底層者的禦寒之物。正因為一般庶民所穿為粗布衣，「褐衣」也就成了卑賤者的代稱，「布衣」則是

平民的代稱。

　　至於下衣，與今日的褲子大不相同。當時對褲子有襠和無襠之分。有襠的褲子稱為「褌」，無襠的褲子稱為「褲」或「脛衣」。先秦時代婦女所穿之褲大都無襠，只有褲管套在腿上，然後用衣服將它蓋住，不使褲管外露。後至秦漢時才漸漸發展出有襠的褲子。

　　戰國、秦漢時代的下層人民穿著簡單，以侍從的庶民來說，往往穿袍服，袖手而立，或有些穿著右衽左褐。下田耕作的勞動者，僅穿一條簡單長衣，腰間繫有帶子。舞蹈者往往穿著長裙、廣袖的舞衣。

　　當時人們所穿的有草鞋、木鞋、皮鞋。草鞋稱「履」，木屐稱「屐」，皮鞋稱「鞮」，襪子稱「腳衣」。草鞋是貧賤者所穿，木鞋則為城市長者所穿。

貴族華服　　王公貴族的冠服是由王朝一致規定的，它是秦代上層階級、權力和身分的重要表徵。皇帝的服飾包括其帽冠與衣飾。天子冠用通天冠，史書中記載其高九寸，正豎，以鐵為帽冠的骨架。秦代皇帝的冠，據《晉書》記載，本來是楚國的形式，後來為秦國所沿用。關於秦始皇的穿著，《後漢書》中曾記載漢武梁祠石刻畫像中，有一幅「荊軻刺秦王圖」，當中的秦始皇戴通天冠，有衣或袍，腰有配綬。史記中有關秦始皇的記載，也曾描述始皇足上穿著「仙鞋」，服太阿之劍、阿縞之衣，一般學者認為秦始皇喜求神仙的態度，影響到他對服飾的設計與喜好。

　　秦的各級官吏和家屬，他們的服飾大

▷一號坑中的陶俑形象逼真生動,面貌刻畫栩栩如生,堪稱秦代雕刻藝術的珍品。(攝影/郭娟秋)

▷一號坑介幘鎧甲俑,屬於重裝步兵俑,是秦國步兵的重要組成部分。

▽彩繪高級軍吏俑當時的色彩效果。(繪圖/王其鈞)

體與當時的常服和部分軍服相一致。一般來說,春秋戰國時期,秦國官吏的制服多採深衣制,深衣即先秦時期的標準禮服制,等級較高的官服選用絲織物,而等級較低的官服通常則選用布織品當作衣料。

軍士戎服 從兵馬俑出土的兵服來看,首先吸引眾人目光的,便是其髮式的嚴謹。秦代軍隊,便是用髮上的冠式、束髮的形式,或冠上的裝飾,來作為軍種或階級的區分。在尚髮的習尚之下,秦兵髮式種類繁多,細分之下可達十數種。但是從外觀上看來,大致可分成兩大類,第一大類為「圓髻」,第二大類為「扁髻」。其中梳圓髻的最多,主要的軍階是徒步戰鬥的軍卒。另一種梳成扁髻的,主要為軍吏級的武士、將軍,或是騎兵。

從出土的兵馬俑衣服紋飾來看,上衣和下身的衣甲上都是單色塗繪,只有在冠式、甲衣、背帶、腰帶上才見到花紋裝飾,不僅圖案繁複而且色彩多樣、鮮豔而醒目,在現存秦代圖案資料較少的情況下,這批帶有圖案的兵馬俑顯得特別珍貴。

秦代製作紋飾的方法,包括有用刀刻劃,用印模押記,用墨繪寫,以及在刻劃或模押的花紋上再加上墨繪。紋飾的樣式以正方形、長方形、菱形、三角形、星宿形、回紋、角狀星形,或用點、線索構成的樹枝紋和花草紋為主。

從出土兵馬俑上的衣服紋飾來看,主要是以幾何式紋樣來反映嚴明的階級型態,此外我們從當時紋飾的樣式,可以看出秦代的服飾仍傳承戰國時期的紋飾,並趨向講求拘謹、嚴肅而規律的變化,此種審美風尚直接影響到漢代,甚至一直到漢末,受到外來文化的衝擊之後,才又產生出嶄新的、更為活潑、更具動態的紋飾風格。

冠戴 秦漢風俗,稱禮帽為「頭衣」或「元服」,那時貴族與平民的頭衣區別十分嚴格。一般來說,貴族戴冠、冕,平民百姓戴巾幘,即包頭巾。冠是貴族男子的帽子。男子二十歲左右行冠禮,戴冠為成人的象徵和貴族身分的常服。因而漢人對戴冠十分講究,凡官僚入朝、祭祀天地、五帝、參加婚禮、朝賀及會見長者,必須戴冠,以表示對對方的尊重。

不過,當時所戴之冠,與後世的帽子不大相同。冠並不像現代的帽子罩住全頭,而是用冠圈套髮髻上,束住頭髮後,將冠圈兩旁的纓帶固定在下巴打個結固定。當時帝王、諸侯、朝臣的禮冠稱冕旒,其冕板「綖」上的珠串即稱為冕旒,以紅綠彩線穿組,冕旒的多少與質料的差異,是區別貴賤尊卑的標誌。

戴冠的時候,另在兩耳的位置,各垂一顆黃色的玉珠,稱為「充耳」。充耳的作用為懸掛在耳邊,走起路來,一搖一晃,意思就是提醒戴冠者切勿聽信讒言,成語中的「充耳不聞」一語,就是由此而來。與此相稱,「視而不見」也有這個涵義,因為冕板上的冕旒垂落下來,正好擋住眼睛的視線,意思是不必去看那些不該看的東西。

百姓不戴冠,用布包頭稱巾。秦人崇尚黑色,常以三尺黑布包頭,所以百姓稱為黔首。到了漢末,此風大變,不僅百姓以幅巾包頭,就是一些名儒雅士,王公大臣,甚至稱雄一方的軍閥都以裹巾為風尚。

　彩繪跪射俑出土於二號坑的第18過洞，色彩豐富的秦俑絢麗多姿，面部肌膚粉裡透紅，黑眼紅唇，神朵依舊飛揚。斜倚在黃土堆中的彩繪跪射俑，更突顯出秦俑歷久不衰的驚人藝術魅力。
（攝影/郭燕‧夏居憲）

集戰國之大成的兵器

　　戰國以來，秦的兵器無論品質或生產力都有長足的提昇，幾乎囊括了當時盛行兵器所有的種類。目前出土文物中最具代表性的，當屬兵馬俑坑出土的各式實用青銅兵器。

　　秦兵器主要包括有弓弩和箭、矛戈、秦短劍，以及兵士身上所穿的防護盔甲。由於秦為「千乘之國」，素來在軍事馬車的製作上也享有盛名。

遠射兵器　楚國的大詩人屈原有「帶長劍兮挾秦弓」的佳句，可見秦國的弓箭兵器乃是早負盛名。秦的長射程兵器主要是弓和弩，其中，後者便是弓加上帶銅機關的弩臂而成。

　　秦弓弓身是選用彈性良好的材料複合而成，外表纏以皮革帶，並上漆。弓身長約130~140公分，直徑約3~5公分。至於弩的弩臂為木製，長約60~76公分。前端有缺口，以用來含弓，後有兩耳，用以綁弓身。弩臂後端則裝有瞄準用的望山和弩機。

　　完整的秦箭，總長約68~72公分，用木或竹材作為箭杆，前端裝三稜銅鏃，後端設括，再附以三片羽毛。箭杆表面塗有兩色漆，分作前後兩段，前段朱紅色，長約50公分，後段為褐色，長約18公分。

　　秦弓箭的形制，在長度和大小上都和前後時期的弓弩有所差異，顯示當時弓箭的製作形制仍處變動當中，然而秦弓弩的材質和做工精良，是其在眾多戰役中勝出的重要關鍵，也為秦統一六國立下了不少的汗馬功勞。

△出土於兵馬俑坑的箭鏃，是青銅器中數量最多的一類。青銅鏃裝於武士俑所背負的矢服中，一般每服內可放箭鏃約一百支。（攝影／郭佑民）

▽戈屬於長柄兵器，既可鉤殺，又可推殺和啄擊敵人。這件銅戈為戰國時期的秦戈，兩面飾有雲紋、鹿紋及蛇紋。

▽金柄鐵劍出土於陝西省寶雞市益門村二號墓，金質劍柄，鐵質劍身，對研究秦國早期文化、科技有著十分重要的意義。

長短兵器 長短兵器，主要是指在近距離內格鬥刺殺的矛、戈、戟、鈹，以及短劍等等。秦兵刃以青銅製品為主，因戰國時從車戰到步騎戰方式的轉變，使近身攻擊的兵器，更可發揮戰鬥的效能。

秦的矛、戈、鈹三種長兵器是單兵，也可以作合兵器。如戟，便是矛和戈的結合物。秦代的青銅矛，頭寬而扁，表面有平素無紋的，也有兩側帶風槽的。

春秋時期，出現了一種戈矛聯裝的「戟」。秦代的戟或戈的內部多刻有銘文，內容多關於鑄造時間、督造者、主造機關和負責人、工長和工人的姓名。秦俑坑的青銅戟都是秦始皇初年，由呂不韋督造的「寺工」戟。「寺工」所指的，就是秦始皇時代主造兵器和軍車馬器的中央官署。

從戟上銘文可知，除了秦中央鑄造兵器之外，也允許郡自行鑄造，而從製造的時間來看，其鑄造年代從秦始皇二年（公元前245年）一直可以排到秦二世元年（公元前209年），說明在這長達三十六年的時間裡一直沒有停止武器的生產。

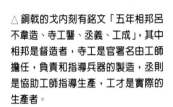

△ 銅戟的戈內刻有銘文「五年相邦呂不韋造、寺工聾、丞義、工成」，其中相邦是督造者，寺工是官署名由工師擔任，負責和指導兵器的製造，丞則是協助工師指導生產，工才是實際的生產者。

◁這把屬於春秋時代的秦青銅短劍，出土於陝西省鳳翔縣雍城遺址，劍身的橫斷面為菱形，劍鋒近似三角形。

▷▷ 秦武公及王姬青銅編鐘，1978年出土於陝西寶雞縣太公廟村，為研究春秋早期秦國冶鑄技術和音樂文化的重要文物。鐘上有銘文記載秦早期世系，是研究秦史的重要依據。

▷ 一號坑出土青銅甬鐘，長甬，甬中空，甬中部有弦紋一道。旋作半環形，鉦間飾蟠螭紋，內壁光素。舞的內壁有對稱的三個銅釘，為內範的支釘。甬中出土於車前，當為軍中指揮軍隊進退的器物。

▽ 編磬是古代帝王樂隊的主要樂器之一，演奏時將磬依次懸掛架上，以木槌敲擊，音色獨特、旋律優美，相當悅耳動聽。

亦樂亦禮的鐘鼓

先秦的「鐘」，可以有廣義和狹義兩種解釋。以廣義而言，凡以金屬鑄造為樂器者，皆稱為鐘；因此舉凡鐘、鎛、錞、鐲、鐃、鐸等以青銅鑄造的古代樂器，古人皆以鐘作為它們的總稱。狹義的「鐘」，即《古今樂錄》所說的：「皆鐘之類也：曰鐘、鎛、錞、鐲、鐃、鐸……」的後一個鐘字所指的鐘。

至於鼓，在中國音樂史上幾乎與鐘齊名，歷史悠久。中國鼓的起源，與埃及、美索不達米亞、印度等地，同為世界上鼓最早的發源地。據文獻的資料來看，中國的鼓大約產生於四千多年前。商周時甲骨文和銅器銘文中，就已經有鼓及擊鼓、鼓聲的文字記載。考古資料中更證明了殷商時代便已有銅鼓的製作工藝。

鐘與鼓，可謂商周至秦漢時代重要的禮制樂器之一。秦時，音樂主要是當作娛樂享受的一種方式，不過，有許多樂器也用於軍事行動中，如秦始皇陵出土的軍樂器鉦、鼓，都置於戰車之上，為指揮的高級軍官所操用，樂器成為一種在戰爭中用來發號司令的信號用具。

西周後期，秦國曾相繼作為周的諸侯和附庸國。平王東遷後，西周故京鎬成為秦國領土，秦的音樂因而在大量吸收周禮制音樂的基礎上不斷發展，並形成了具有自身特色的音樂文化體系。

近十幾年來，在陝西關中地區和甘肅東部，相繼發現了一些秦代樂器，如陝西出土的秦公鐘鎛、鳳翔秦公一號大墓出土的編磬、始皇陵墓出土的樂府鐘，提供了真實而具體的秦代音樂資料。

目前發現的秦國樂器計有編鐘、編鎛、編磬、鉦和鼓等文物。我們透過對出土秦鐘內的銘文研究，往往可得知此鐘的製作時間和製作原由。陝西楊家溝所出土的秦公鐘、鎛皆刻有銘文，據對銘文的研究，這些鐘、鎛當為秦武公所造。此時的秦公鐘，一般認為在形制和紋飾方面，均沿襲了西周後期編鐘的作風。

◁1986年隴縣東南邊家庄村十二號墓出土春秋時期的秦銅鼎,鼎立耳,沿窄平,口微斂,圓腹圓底,有蹄狀足,腹上部飾竊曲紋,下部飾環帶紋。

▷1986年隴縣東南邊家庄村十二號墓出土春秋時期的秦銅簋,簋上有蓋,蓋上有圈狀握手,鼓腹圈足,左右有兩獸首形扳,蓋和下腹飾瓦紋,腹上部飾竊曲紋。

▽◁戰國時期的秦國青銅禮器。子母口圓形蓋上有三個環狀紐,長方形附耳,鼓腹蹄足,通體外飾金雲條紋帶圖案,製作精緻,紋飾繁縟。

另一項秦音樂文化的考古發現,是一九七六年至一九八六年在陝西發掘的秦公一號大墓出土的編磬。此次出土的編磬十分厚大,最長者近一公尺左右,其形制雖大致與周磬相似,但部分紋飾和雕刻則為秦代特有,可見秦磬在春秋後期又有較大的發展和變革,顯示出秦人特有的風格。

秦始皇陵所出土的樂府鐘,其形制為鈕鐘。鈕的一側銘刻有「樂府」二字。樂府鐘的發現,解決了中國古代音樂史上的一個重要問題。據《漢書‧禮樂志》記載,「武帝定郊祭之禮。……乃立樂府,采詩夜誦。」由此來看,樂府好像是漢武帝時所創立的,而樂府鐘的發現,則使中國古代宮廷音樂機構——樂府的成立年代,至少可以推前到秦代。

青銅工藝的顛峰

　　中國是世界上最早出現鑄造青銅器的國家之一。考古發現證明，在距今六千年的新石器時代，人們人們已經了解青銅器的優點，並開始製造原始的銅器手工藝。商周時代的青銅器鑄製，更是使得其工藝藝術達到了高峰。

　　綜觀秦代的青銅器，繼承了商周、春秋以來的製作技法，在紋飾上也綜合了戰國時期流行的錯金銀花紋，並混合其他六國的風格，表現出秦代特殊的社會與藝術史地位。

　　以秦孝公之前的整個秦國青銅器，與西周時期的青銅器作比較，它們之間有許多相異之處。西周時期的青銅器類型眾多，質地厚，鑄造精良，紋飾複雜，使用範圍較廣；而秦國的青銅器比西周的種類少，數量亦不比西周多，質地普遍較薄，鑄造精良的種類較少，一般都較爲粗糙。相較於西周時期青銅器使用者包括平民

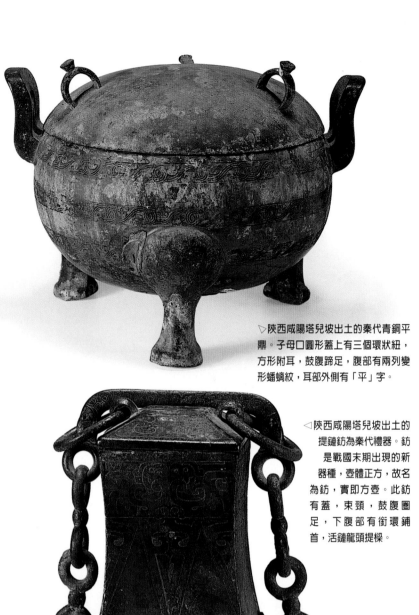

▷陝西咸陽塔兒坡出土的秦代青銅平鼎。子母口圓形蓋上有三個環狀紐，方形附耳，鼓腹蹄足，腹部有兩列變形蟠螭紋，耳部外側有「平」字。

◁陝西咸陽塔兒坡出土的提鏈鈁為秦代禮器。鈁是戰國末期出現的新器種，壺體正方，故名為鈁，實即方壺。此鈁有蓋，束頸，鼓腹圈足，下腹部有銜環鋪首，活鏈龍頭提樑。

和下層階級，秦代的青銅器大多
爲上層階級和貴族所使用。

　　秦代青銅器製作的特
色，和秦代統一國家的政治
制度有關，秦代特別大件
的鑄造品，往往是秦始皇
顯耀其統治的工具，也由
於始皇盡收全國兵器，又
集中人力統一鑄造，使得
大型青銅器的規模雄偉，氣
魄遠大，爲歷代所不及。

　　自秦孝公之後到秦王朝的
滅亡期間，這一時期由於國家發
展穩定，使得青銅器的製造在前期
的基礎上有了長足的發展。然而由於
始皇的好大喜功，以及鑄造的匠師受
到國家的嚴格控制，產生許多耗費國
家物力的大型鑄造品，其中最著名
的，便是《史記》記載始
皇二十六年「收天下
兵，聚之咸陽，銷以
爲鍾鐻，金人十二」。

　　不過在大件的工藝品之
外，秦人並未完全忽略其他小巧
金屬品的製作。譬如禮器、樂器、
明器、兵器和實用器等等，近年來亦
有不少的出土遺物，其中像虎符、銅
鐘、度量衡器、燈、洗、帶鉤、馬
車、銅弩和弩機、方銅爐、銅鏡等
等。

　　一九八〇年在秦陵所挖掘出土的
兩乘大型彩繪銅車馬，每套以實物大
小的二分之一製作，兩車製鑄精巧，
通體彩繪，銅馬則戴金銀絡頭，繩索
和項圈都屬純金，使整乘車馬華麗鮮
明，爲青銅藝術的傑作。

▷蟠螭紋銅鏡，戰國時期秦人生活用
品。圓形三弦紐，內飾蟠螭紋，首尾
相接，外飾蟠螭紋條帶。

◁銅匜爲秦青銅禮器，出土
於咸陽長陵車站。匜是注水
盥手之器，常與盤配合使用。
此銅匜圓口平底，口沿有一寬
凹槽流。

◁◁戰國時期鑄造半兩錢之青銅模
器。器呈長方鏟形，主槽及澆注口爲
喇叭形，範器內有兩直行共排列六枚
「半兩」銅錢鑄模，每行三枚之間各有
淺槽貫通，背光平，正
中有一合範時固定
用長方形橋紐。
錢模文字爲反
寫陰文篆體。

◁▷「半兩」爲
戰國時期及秦朝
使用的貨幣單位。
戰國時，秦國圜錢以半
兩或兩爲單位，秦統一六國後，定一
國之幣爲二等：黃金爲上幣，銅錢爲
下幣。

人文意涵的玉器

玉器的製作,在中國已有相當悠久的歷史。從文獻資料來看,《尚書·舜典》中就記載了玉器的使用;而從考古資料更可發現,三代以前的紅山文化、良渚文化,以及珠江流域的石峽文化,都證明了中國玉器製作很早便開始發展。夏、商、周時期,玉器生產的規模和數量僅次於陶器,當時的工藝技術已經相當成熟,種類也十分豐富。秦人進入關中地區之後,承繼了周人製造玉器的傳統技術和風格,而且在雕刻技術和器類數量上遠遠超過了西周時期。

戰國晚期之前具有代表性的秦玉器,主要出土於寶雞市郊的秦墓和考古遺址中,其中的典型玉器有穀璧、玉璧、玉玦、各種玉佩飾、玉琮、玉戈、玉璋、玉蟬、玉耳匙、玉碑和玉帶鉤等。這批玉器的雕琢技術精細,如布局細密勻稱的蟠螭紋、捲雲紋和獸面紋,有的紋飾爲陽刻,有的則爲淺浮雕。

戰國晚期之後至秦王朝統一期間,由於石雕工藝發展,製作玉器的規模和數量比以前則略有減少。

秦代的玉文化因爲受到各種因素交互影響,除了繼承周王朝對於禮器製作的重視外,還融合了戰國以來各國不同的風格形制,同時又發展出秦特有的形制和紋飾風格,與玉器發展崇尚儒家禮教的背景有所不同。因此玉器製作上的轉變,也含有思想轉變的意義。一般學者認爲,玉器在中國思想史上的意涵,與儒家對於君子高潔的人格期許相互

△春秋時期玉璧,出土於陝西省寶雞市益門村二號墓。泛白色玉璧,表面飾勾雲變體蟠螭紋,間以羽狀細斜線紋。

▷春秋時期玉觽,出土於陝西寶雞市益門村二號墓。方首龍形,口微張,口角對鑽小圓缺,與口縫相連,頭頂有兩突齒,器身近頭部有一對鑽小孔。飾陰線蟠螭紋,近尾部多為陰線三角雲紋,兩面有紋飾,布局疏密各不相同。

▷春秋時期玉璜,出土於陝西寶雞市益門村二號墓。璜色略呈天藍,質地佳。璜中有凹槽,將璜一分為二,兩端各飾一張口夔龍,背面無紋飾。

▽春秋時期玉佩,出土於陝西寶雞市益門村二號墓。佩色深綠,表面沁蝕嚴重。器表兩面紋飾大體相似,主紋飾均為陰線雷雲紋、變體獸面紋,以及雙陰線雲雷紋等。

輝映，也可說是周王朝宗法禮制下的產物，然而秦王朝的政治制度和思想風格，均與玉器發展初期的背景大相逕庭，表現在玉器製作上的轉變，便特別富有政治體制與思想風氣上的意義。一般認為，秦國雖在早期透過「秦人周化」等運動，積極吸收周的文化，但僅止於物質層面和實用知識。秦代進入強盛時期受到法家思想的影響甚深，也使得自周到春秋時代，玉器的人文內涵，逐漸轉化為禮制中象徵身分的工具。

秦國玉器工藝的特色，除了期繼承商周以來的傳統，以製作禮器的成套玉器為主外，玉佩的製作數量也相當豐富，但在形制上與過去並無太大差異，僅在厚度上較前代為厚而已。在紋飾方面，秦國玉器有其特殊的紋飾風格，與中原地區的動物紋、植物紋有所差異，而以雷雲紋、穀紋、絢紋等為主。

磚瓦建材

建築開始使用磚瓦，是人類居住形式的一大進步。在新石器時代，燒造陶器的技術雖然逐漸發展，但人們的住處還是半穴式草屋，歷史上傳說堯舜住「茅茨」，到了後世才住「瓦屋」。

瓦當 瓦是秦各個時期不同建築不可或缺的建材，在鳳翔雍城、秦都咸陽、秦始皇陵園、阿房宮以及遼寧綏中秦行宮等遺址都有數量可觀的發現。

根據發掘出土的文物，我們知道瓦比磚的出現要早一點。近年在陝西岐山鳳雛村西周前期宮殿遺址，和西安、洛陽等地的西周遺址，都發現了板瓦。鳳雛村西周後期遺址還出土了半瓦當的筒瓦，當時的瓦當為素面，春秋後期的瓦當開始有了紋飾。

瓦當為古代建築檐頭筒瓦頂端垂下的部分，有半圓形（稱半瓦當）和

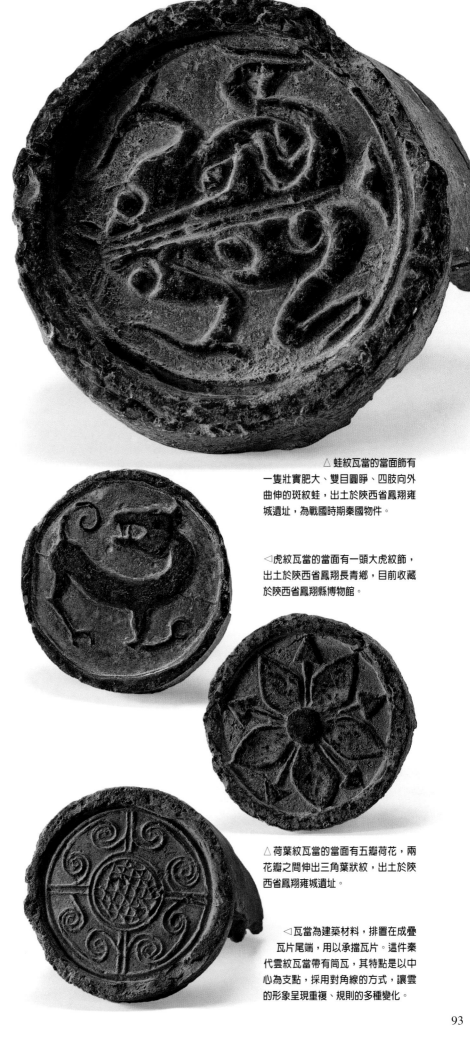

△蛙紋瓦當的當面飾有一隻壯實肥大、雙目圓睜、四肢向外曲伸的斑紋蛙，出土於陝西省鳳翔雍城遺址，為戰國時期秦國物件。

◁虎紋瓦當的當面有一頭大虎紋飾，出土於陝西省鳳翔長青鄉，目前收藏於陝西省鳳翔縣博物館。

△荷葉紋瓦當的當面有五瓣荷花，兩花瓣之間伸出三角葉狀紋，出土於陝西省鳳翔雍城遺址。

◁瓦當為建築材料，排置在成疊瓦片尾端，用以承擋瓦片。這件秦代雲紋瓦當帶有筒瓦，其特點是以中心為支點，採用對角線的方式，讓雲的形象呈現重複、規則的多種變化。

△秦兵馬俑坑底部鋪著地磚（攝影/羅小韻），鋪地磚為方形長條磚，呈灰青色，表面飾有細繩紋，是秦代建築材料。

▽葵紋瓦當的當面後保留了一節殘筒瓦，當面上飾有一浮雕葵紋，出土於陝西省鳳翔縣長連公社。

圓形兩種，不僅遮護了屋簷，並且增加了建築物的牢固和美感。瓦當一般為泥質，後來出現有彩色琉璃製品。瓦當模製後，與筒瓦相接，經高溫燒成，堅硬緻密，呈青灰色。

考古發現，春秋戰國時期，各地均有不同風格的瓦當圖紋，如燕國多為獸紋或獸面紋；齊國多為樹紋或獸紋，後期則向捲雲紋發展。其他還有樹紋雙獸和樹木捲雲紋、饕餮紋、雙鳥紋、山雲紋等，秦國主要流行單個動物紋的瓦當，亦有以幾何菱形紋混合捲雲紋的瓦當。

秦統一六國後，文物上綜合各國的風格，也表現在秦代的瓦當紋飾中。秦漢時期最有代表性的，是捲雲紋圓瓦當。秦代遺存中有一種很有特徵的夔紋，應是雲紋的變體。

秦始皇陵還出土有變形鳥紋大瓦當。

秦磚 磚的出現，較瓦為晚。戰國時期，使用於建築。洛陽東周城舊址出土的薄磚，厚度與瓦相等，戰國後的磚則稍厚。戰國空心磚多作長扁平狀，磚面壓印鳥獸、花紋和幾何紋，紋飾豪放生動。條磚最早見於秦始皇陵，磚上印有「左司高瓦」印記，堅實細密，製作精良，當是秦代製造磚瓦的官方工業產品。有人認為「左司高」應是左司趙高的簡稱。

秦磚的用途僅限於宮廷建築的鋪地之用，還沒有用於建築承重的基礎部位，而大小建築物的牆則使用土坯建築，室內隔牆一般用夾竹抹泥牆。秦磚一般為長方形的實心條磚或空心條磚，實心磚較小，空心磚較大。亦有等邊的方磚。磚表面裝飾有幾何的粗線紋，背面和側面皆為素面。具有代表性的方磚，在鳳翔雍城宮殿建築遺址和秦都咸陽等地有較多的發現。

兵權虎符

　　虎符是古代符牌的一種。符牌為中國古代朝廷傳達命令，或徵調兵將所用的憑證。虎符的特色，在於它以銅鐵鑄製老虎的形狀，從中剖半。平時，中央的皇帝和地方將領各執一半，當中央有軍令下傳，如要調動兵馬或出征時，便將中央的一半虎符交予傳令兵送達地方將領手中，唯有兩符相合無誤，命令才可執行。虎符面上多刻有銘文，標明此符所屬的地方將領駐在地，為後世研究中國軍事傳令的重要資料。

　　符牌一般有使用金、玉、銅、竹、木等材質製成。以秦代的虎符的出土而言，多為銅製，現今發現的件數不多。以陽陵虎符為例，現藏於中國歷史博物館。此符作伏虎形，昂首

前視，長尾曲翹，四足向前平申。虎背左右各有金篆書銘文：「甲兵之符，右才（在）皇帝，左才（在）陽陵」，兩行十二字。

　　陽陵虎符，是秦始皇統一全國後，頒發給駐守陽陵將領的兵符，與新郪虎符並列為兩件著名的秦代出土虎符。新郪虎符長8.8公分，製作的時代大約是秦滅韓（公元前230年）至統一的十年間。另外一個杜虎虎符，出土於陝西西安，長9.5公分，文字、形制均與新郪虎符相似，年代亦相當接近。

　　虎符所表現出的軍事文化，是自春秋戰國以來到秦代，中央君主對於地方軍事調動的控制愈趨嚴密，過去在周時代地方諸侯分封自治的政治情勢已不復見。有趣之處，便是中央君主為了防止地方軍隊的叛離，有效掌握兵權，而發展出這種「合符」的方式，來確定軍隊將領調動的主控權。這種軍事制度的出現，也表現秦代集權中央的政治型態。

▽▽整體呈長方條形的狩獵紋磚，為秦代的建築材料，一端為凹形，一端為凸形，正側面有上、下兩行相同的狩獵紋。紋磚左端為一騎馬勇士張弓射前，前方有五匹向前奔跑的野獸，生動逼真，中間行為凹形方格紋。

▽虎符是皇帝授權於郡守的調兵信物，一般材質為金、玉、竹、木等，上刻文字，一剖為二雙方各執一半，使用時相合以為徵信。

△東郡虎符為臥虎狀，分左右兩半，虎脊上有字體為秦小篆的錯金銘文，左右兩半各十二字，即「甲兵之符，左在皇帝，右在東郡」。

95

詔告文書

春秋戰國時期，由於周天子的權威低落，諸國各自為政，法令互異，度量衡制度不同，文字的字體也不一樣。秦王政二十六年（公元前221年）統一全國後，開始對全國的制度進行統一。法律上全部行使秦律，並劃一度量衡，禁止使用與秦國不同的文字，命李斯作小篆，頒行天下。

《史記‧秦始皇本紀》記載秦始皇二十六年初併天下，「一法度衡石丈尺，車同軌，書同文字」。由於秦統一的行政命令眾多，因此發展出一種昭告國家命令的文書形式，刻在銅製或是陶製的文物上，頒布全國。現已考古發現的詔告文書有詔量、詔權、詔版三種。

▷秦詔版是秦在全國推行統一度量衡的物證，秦二十六年詔版多數刻於量器如方升、橢量及衡器如銅權、鐵權上，也有的作成詔版分發各地，釘在經校驗過的量器及衡器上。

◁安邑下官鍾，原屬魏國銅器，後為秦人戰利品，1966年陝西咸陽塔兒坡磚瓦廠墓葬出土。高領圓口，鼓腹蓋上有三環狀雲紋紐，口沿刻有「十三斗一升」，頸部刻「至此」二字，並刻有一橫線，表示至此處為標記；另一面腹部刻有「安邑下官重（鍾）」等銘紋七行二十七字。「安邑」為魏國故都，秦攻占後仍沿稱。「十三斗一升」為秦人所刻，後用秦量校定。

專刻在長方銅版之上的詔書稱為詔版，標定法令並送達各地，還有刻在斤斗器具之上，用以統一度量衡的詔量。詔量有銅製、陶製兩種。銅詔量有柄，除了橢圓形還有方形詔量。目前可知的形制有一升、二升、二升半、參（三分之一斗）、四升、半（二分之一斗）和　斗等。這樣的級別，與其用途密切相關，由於量器關係人們工作所得糧食的計算，秦男子早飯口糧半斗，晚飯三分之一斗。秦女子早晚飯各三分之一斗，這一類規定，在秦律中還有不少。估計級別不同的詔量，主要就是用於發給口糧或類似的生活必需品。

有詔文的秦權，其用途都是天秤的法碼。詔權的質料有銅有鐵，從出土的詔權銘文中來看，文字有單為始皇詔與加上秦二世詔兩種。秦權的重量，據實測也有明顯的級別，從一斤到一百二十斤不等。

詔版一般作長方形，有的四角有釘孔，原來大約是鑲在木製量器上的。文字也有兩詔或單始皇詔兩種。秦二十六年時頒定了大量的詔版，包括一九六一年陝西咸陽出土的法令詔書，上面自右至左豎刻秦始皇二十六年的統一法令，共四十字，銘文十分清晰。

簡牘封泥

封泥是一種古代用來封緘的物品。用印的方法，是在書寫的簡編或簡牘外面，加一塊挖有方槽的木塊，用繩綑紮起來，把繩結放在方槽內，加上一丸軟泥，用印在軟泥上按押就會押出印文，經乾燥硬化，就會成為封泥。因此封泥往往是一個上有四字凸文的圓形石頭。

封泥上的文字，往往是某個機關單位的名稱，有些學者認為，秦代的官私璽印，主要就是用來壓印封泥，作為封緘之用。因此封泥的文字可讓人清楚得知此用印單位，如陝西出土的「御府丞印」，御府是專供皇帝享用而設立的專用倉庫，《漢書》中就提到過「御府主天子衣服也」的資料。

另也有以人的職稱為封泥的出土文物，例如一樣是陝西出土的「郎中丞印」；郎中令為秦官職中的九卿之一，趙高就曾任郎中。

秦印文字與秦金文、秦陶文風格相同，多為標準小篆，也有的有隸書意味。秦印明顯有別於六國文字，因為秦用小篆，六國多用古文。唯獨漢初文字和秦文字有因襲關係，故秦印與漢初印較不容易區分。

◁安臺丞印

▷▷陝西西安市北郊六村堡鄉相家巷村出土「安臺丞印」、「西共丞印」、「郡左邸印」、「少府」、「郎中丞印」、「御府丞印」六方封泥。其中御府是專供皇帝享用而設的倉庫；少府是主管全國水產稅收的機關，也設官製造皇室用品。

◁西共丞印

◁郡左邸印

◁少府

◁郎中丞印

◁御府丞印

驪山秦陵

《**禮**記·中庸》的「事死如事生，事亡如事存」

是秦始皇營造陵墓的思想根源，

《呂氏春秋·安死》的「設厥庭，為宮室，造兵陣也若都邑」

則是戰國以來諸侯造陵園的習慣，也是秦始皇設計驪山陵園的根據

生與死，在古代中國被視爲生命存在的兩種不同模式，生命不能延續永遠，但在求生不得時，可把希冀帶到死後的歸依中，甚至較生前更爲華麗。靈魂不滅的觀念存在已久，秦始皇自不例外。

起造壽陵

君王生前爲自己修建陵墓，稱爲「起壽陵」，作爲古代重要的國家建設之一，由於「治陵」所需的時間及勞力皆相當巨大，也被賦予祝壽、希望君主長壽的意義。秦人的宗室本來就有著長期建陵的傳統，在雍都的秦先王皆有很大、很深的墓穴，例如在鳳翔的一號秦公大墓，東西長300公尺，墓壙深24公尺，總面積有5,344平方公尺，陪葬的人牲和人殉共有182具，可見築陵並非數日可成。到了秦惠、文、武、昭、莊襄王時，不但挖墓，而且堆陵，工程更加浩大。

《史記‧秦始皇本紀》：「始皇初即位，穿治酈山，及并天下，天下徒送詣七十餘萬人，穿三泉……。」「初即位」是否指秦王政十三歲（公元前247年）即位爲王，就開始爲自己修建陵墓？《文獻通考》：「漢法，天子即位一年而爲陵。天下貢賦三分之一供宗教，一供賓客，一供山陵。」而《漢書》則記載漢武帝即位第二年「初置茂陵邑」；若以「漢承

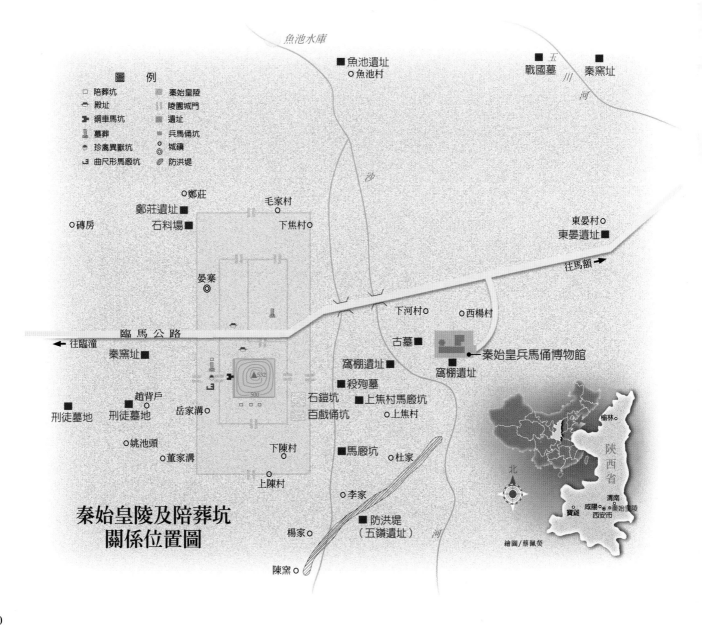

秦始皇陵及陪葬坑
關係位置圖

圖例
- □ 陪葬坑
- ⌂ 殿址
- 🚗 銅車馬坑
- 🏺 墓葬
- 🦌 珍禽異獸坑
- 曲尺形馬廐坑
- ▦ 秦始皇陵
- ‖ 陵園城門
- ■ 遺址
- ▪ 兵馬俑坑
- ○ 城鎮
- ⌇ 防洪堤

魚池水庫

■魚池遺址
○魚池村

■戰國墓　■秦窯址

玉川河

沙

○鄭莊
鄭莊遺址■
○磚房　石料場■

毛家村
下焦村○

東晏村○
東晏遺址■

往馬額→

晏寨◎

臨　馬　公　路
←往臨潼
秦窯址■

下河村○　○西楊村

古墓■　秦始皇兵馬俑博物館
窩棚遺址■
窩棚遺址■

趙背戶■
■刑徒墓地　刑徒墓地■　岳家溝　石鎧坑■　上焦村馬廐坑■
百戲俑坑■　○上焦村
○姚池頭
董家溝○　下陳村○

上陳村○

馬廐坑■
○杜家

○李家

楊家○　■防洪堤
（五嶺遺址）

河

陳窯○

陝西省

榆林○

渭南
咸陽○　●秦始皇陵
寶雞○　西安市

北

繪圖/蔡佩燊

秦制」的觀點來說，漢皇帝即位不久就建陵的做法，應是秦時舊有的習慣，依此推論，秦始皇在即位後一兩年就開始營建陵墓，及至天下統一，加入建陵的勞動力越來越多，秦皇陵的規模也日益擴大了。

陵址的地理風水

秦始皇的陵墓之所以選在驪山北麓，一是因為它屬於秦都咸陽整體城市中的一部分，與前人不同的是，秦始皇陵從秦先王所埋葬的東陵區獨立出來，二是由於驪山環境優美，風水極佳，符合秦始皇帝當時的地位與心境。

驪山產玉產金的說法，很早便有記載，秦始皇將自己的墓穴選在驪山峰側，接近多玉多金之處，除了有據

財富而有之的意味外，更因為藍田玉在古人心目中地位的崇高，而賦予了人格美化的意味。至於玉對於死者的作用，如同晉人葛洪在其《抱朴子》的記載，「金石在九竅，則死者為之不朽」，因此《水經·渭水注》中秦始皇被指為「貪其美名，因而葬焉」。

再者，驪山為秦人久居之地，風景優美，秦始皇容易對當地產生強烈的認同感，從地理形式來看，始皇陵位於渭河南岸三級階地與驪山山地之間的台階上，臨潼和藍田境內的驪山九嶺在仁宗廟會合，稱為九嶺頭，而九嶺頭正好在秦皇陵冢南偏東，與山陽諸溝形成環抱之勢，魚池水系分別從兩側繞過陵墓，正好符合風水理論中「枕山

△秦始皇的陵墓位於驪山北麓，驪山廣闊的視野與雄奇的景觀，恰如其分襯托出皇帝的尊貴。（攝影／郭佑民）

▽春秋時期玉璧，出土於陝西鳳翔南指揮鄉河南屯。璧呈圓形，淺綠色，表面飾勾雲變體蟠螭紋。

△樹木鳥獸半瓦當為半圓形，當面中間為一顆樹，樹旁有兩相向而立的野獸作奔走狀，獸的上方各飾一隻飛鳥，畫面生動有趣，出土於陝西省咸陽秦一號宮殿遺址。

▷從高空俯瞰秦始皇陵，是一處方整的小土丘。（攝影/吳壽庄）

▽銅合頁是一種樞紐構件，呈長方形，轉角處有圓柱體轉動軸，以方便開合，表面飾有彩繪花紋。出土於陝西咸陽長陵車站。

臥水」的臥虎藏龍之地。不論是否受到堪輿術的影響，驪山寬闊的視野和雄奇詭譎、高人一等的景觀，使皇帝萬乘之尊的地位恰如其氛表現出來。

施工與監造

從秦陵出土的文物中發現幾種帶有地域觀念的銘刻文字，分別是「麗山」、「麗山國」、和「麗邑」。

「麗山」指秦始皇陵，為秦代按驪山稱陵的原本叫法，並不是指今天的驪山山麓。「麗山國」指秦皇陵寢和禮儀建築集中的區域，包括城牆和周圍與陵墓設施相關的地方，約有56平方公里，縱橫7,500公尺。「麗邑」則是管理陵區的陵邑，範圍比前兩者大，在行政權力上的位階也較高。修驪山陵墓初期，為了便於管理，秦始皇帝設「麗邑」，是獨立性較強，較不具有行政性質的縣邑，對修陵的工人「驪山徒」行軍事化管理，這也是統一戰爭長達十年之久，但驪山皇陵的工程卻秩序正常，沒有耽誤的原因。統一之後，秦始皇帝更遷徙十萬人到麗邑，免除他們的繇役，為的是守住陵墓，獨奉山國，繁榮陵墓地區的經濟，貫徹強幹弱枝的政策。

陵墓施工是按照設計圖設計的，總共花了三十七、八年的時間，依目前出土的遺址來說，陵墓區在南部，北部為儀禮性的建築和陪葬墓，東側依次有兵馬俑陣營馬廄坑和陪葬墓區；西部為燒造磚瓦、陵材加工地和修陵人的墓地。主持陵墓工程的最高中央級官員是丞相，先後有呂不韋、昌平君、馮去疾和李斯等人。實際參

與具體修建的，是少府和掌握大量刑徒的其他中央部門。

管理階層對修陵工人按照行業分工，以軍事化的組織來管理，這時以服役的形式自各國徵調民力。驪山徒的身分大體上包括了自由民（農民、手工業者和商人）、社會罪犯、替債者和奴隸四種人。

建陵的石材來自渭北，木材則來自今天湖北和四川一帶，墓內的隨葬品是從各國各地蒐集來的，只有兵馬俑和磚瓦是在陵園內燒製的。

根據《漢舊儀》的記載，秦始皇「使丞相李斯將天下刑人徒隸萬人作陵，鑿以章程，錮水泉絕之，塞以文石，致其丹漆，深不可入。」這段話顯示陵墓的建修有「章程」為準，設計和施工都有詳細的步驟。李斯奉命設計，但決定與修改權只能是秦始皇而非其他人。修建秦始皇陵墓時，施工遇到障礙，「鑿之不入」，李斯據實報告始皇帝，在接到「旁行三百尺」的指示後，李斯才敢據修改後的設計

圖繼續施工，由此可知，陵墓的樣式結構、地理位置、陪葬設施幾乎都是秦始皇個人意志所決定的。

滄海桑田的陵墓

在秦始皇的墓上，用土夯築起一座呈方形台體的封土堆，上面植樹，據《漢書・楚元王傳》劉向的話說：「秦始皇地葬于驪山之阿，下錮三泉，上崇三墳，其高五十餘丈，周回五里有餘」，折算成公制，也就是69.6公尺，高116公尺，底邊周長2,087.65公尺。經袁仲一研究考證，原五十丈可能是筆誤，應只有三十六丈，由於兩千年來自然的和人為的破壞，現高

只有52.5公尺，底邊向內收縮呈南北350公尺，東西寬345公尺。

秦漢時代把下葬掩埋叫做覆土，覆土通常包括兩部分，一是向墓壙中填土，二是堆築丘陵，填土多是原來墓中出土反填，不足的時候才會取陵墓附近的堆之。始皇陵的覆土用量很大，經過考古和地質資料的比對，陵區巨量覆土的來源有三，皆在陵區附近，最大的取土點在魚池窪地，《水經·渭水注》：「魚池水出驪山東，本導源東流。始皇葬山北，水過而取行，東注北轉。始皇造陵取土，其地淤深，水積成池，謂之魚池。」

在墓上封土的習俗，自春秋末年後成為一種社會階級的標示，《呂氏春秋·孟冬紀》記載：「營丘壟之大小、高卑、厚薄之度，貴賤之等級」。而戰國末期的秦王墓，不但土丘高大，規模也相當宏偉，但與始皇封土相較，其高大不但在祖先陵墓之上，在封建等級中也是無人能及。

很多文獻記載，秦皇陵曾遭到盜掘、焚燒等徹底破壞，這主要集中在秦末的項羽、五胡十六國時齊的石虎和唐末的黃巢三人身上。但這些應為誤傳，論及破壞，實際上項羽等人只是燒毀了地面建築、挖走了地下的從葬設施、取走了陵園的財物等三個方面。由汞含量測之，秦皇地宮並沒有遭到大的破壞。

歷史上還是有許多的統治者相當重視始皇陵的保存，例如西漢初劉邦曾下令派人守陵、北魏孝明帝明令在陵周圍五十步不准耕種，隋煬帝下令在帝王陵墓附近安排十萬農民守陵，北宋尤其注重守護，除了守陵、還有祭祀、修築等，但是在大多數的情況之下，陵墓還是無人管理的，任其毀壞，致使陵冢高度急降，陵基侵蝕也相當嚴重。

地宮建築規模

關於地宮的結構和位置，在文獻中有多種不同的記載，例如《史記·秦始皇本紀》：「始皇初即位，穿治酈山，及并天下……下銅而致槨，宮觀百官奇器珍怪徙臧滿之。令匠作機弩矢，有所穿近者輒射之。以水銀為百川江河大海，機相灌輸，上具天

▽雖然許多統治者相當重視始皇陵的保存維護，但在大多數情形下，陵墓都是呈現無人管理、任其荒廢的狀態，致使陵塚高度急速下降。
（攝影/黃鵬杰）

文，下具地理。以人魚膏爲燭，度不滅者久之。」《漢書・楚元王傳》引述劉向的話也說：「石槨爲游棺，人膏爲燈燭，水銀爲江海，……珍寶之藏，機械之變，棺槨之麗，宮館之盛，不可勝原。」

所謂地宮，並不是人們想像中類似地面上的宮殿建築，實際上是對於埋葬死者和隨葬品墓穴的一種雅稱。地宮內築圍牆一道，高度和厚度各爲4公尺，東牆有五個斜坡門道，其他三面各有一道門，墓壁四周呈階梯狀的內收。地宮形狀呈方形，面積約爲180,320平方公尺，反映當時社會對於深藏重閉的觀念。

《呂氏春秋・安死篇》曾針對葬深及泉、奢靡事死的社會風氣可能趨利亡國而提出警告：「自古及今，未有不亡之國也；無不亡之國者，是無不抇之墓也。」成書之時，秦皇陵的工作約進行了七年，如果初期的墓穴工作挖得不夠深、不夠大，呂氏爲何會提出這種警告？

地宮祕辛

在放置秦始皇棺木的這個巨型墓穴裡，墓頂根據記載應該有日月星辰，下面塑造著山河地理模型，用機械力量推動著水銀構成的江河湖海，水銀在人工河道中川流不息。墓內還有象徵中央各部門的衙屬，藏有大量秦始皇自個六國收集而來的珍寶，並點著魚油作成的蠟燭，秦人相信燈光可以長明不滅。

根據新的考古資料顯示，墓頂應成一個半球狀的弧體，符合當時的宇宙觀：天如穹廬、地如方，再畫上天文星宿的形象，以對應「下具地理」的棺木放置。

地宮由於未經考古發掘，最令人好奇的，莫過於是否有「水銀河」及「始皇帝棺木」的放置方法。置水銀於墓中的習慣約是從春秋時開始的，

目的在於水銀有毒，且極易揮發，擅入的盜墓者通常會遭到毒死的命運。秦皇陵內經過儀器探測，有大量水銀的反應，且集中在地宮中心，但不知是否即爲史記的描寫的水銀人工河道，目前尚難確定。

在地宮中心的始皇棺槨，據史書記載，分別有《史記》「下銅置槨」、《水經注》「以銅爲槨」、《漢書》「石槨爲游棺」，實際上並不互相矛盾，若參考曾侯乙墓的做法，極可能主棺是多層的套棺，外棺四周用銅柱作框架，再覆以木材或石材，成爲完整的棺木。而游棺的解釋亦有兩種，一種爲始皇棺飄於水銀河上，一種則視「游棺」爲停棺空間的泛稱，由於放置棺木的主室和周圍側室相通，墓室外的牆壁上鑿有很深的側室，墓室四側有上下通道，感覺上可回歸往來，故稱游棺。在通道口的門上安裝有對外的機弩，若盜墓者擅入則會遭到弓弩機械的射殺。

△ 從遺址模型，不難看出秦始皇陵規模之大、範圍之廣。（攝影／黃鵬杰）

▽ 春秋時期，秦國在青銅器鑄造和建築技術方面相當進步，這件雙頭劍齒形、方筒、兩正面飾蟠螭紋的秦青銅器構件，係用於宮殿壁柱上。出土於陝西鳳翔秦雍城遺址。

鹿角遺跡
THE HISTORICAL REMAINS
OF THE DEERHORN

◁三號坑北廂房俑坑在塌陷前已遭破壞，出土時均為破碎不堪。（攝影/郭佑民）

▷石鎧甲坑出土的一頂由74片石甲片組成的石冑。（攝影/郭燕‧夏居憲）

始皇陪葬墓群

古人認為死後靈魂不滅，

在另一個世界的生活需要仍如同生前一般，

因此，衍生出隨葬器物、奴僕、車馬等陪葬品的習俗。

領導第一個統一封建王朝的秦始皇，

為了顯示自己至高無上的權利與地位，

陪葬規模自然遠遠超越前代。

整體來說，秦始皇陵園反映出完整的秦代宮城圖，有高大的封土和內外兩重城牆，陵墓位於內城的南半部，北部是寢殿、便殿等地面宮殿建築區，封土的西邊規畫有銅車馬坑、各種府藏坑、象徵宮廷廄苑的馬廄坑、象徵的御苑的珍禽異獸坑、西北邊為駐守陵園官吏的的寺宅官舍。陵園外城的西邊，為驪山徒的墓葬，以及燒製磚瓦的瓦廠、打石場區。至於陵園外城的東側則有南北向的三行馬廄坑、陪葬墓及兵馬俑坑。

兵馬俑坑

秦始皇生前居住的秦宮和咸陽城皆有重兵駐守，其中包括皇帝身邊的禁衛軍、宮門外的屯衛軍和駐守京師的屯衛軍。位於東側的兵馬俑軍陣，應為京城的屯衛軍，也就是一般所稱的宿衛軍。

兵馬俑坑一共有四個坑，是坑道式的地下土木建築結構，一、二號坑因為曾遭火焚而坍塌，三號坑有人為破壞也呈塌陷，四號坑由於秦末動盪致使工程中斷而廢棄。雖然俑坑內因為自然及人力的破壞而次序大亂，但於一九七四年後開始的考古挖掘，逐漸了解了俑坑的結構和兵陣編列。

一號坑是由步兵和車兵組成的長方形矩陣，估計有陶俑、陶馬6,000件左右，戰車40輛，大部分的陶俑皆以弓弩為武器。二號俑坑為曲尺式結構，為弩、車、步、騎等四個兵種單獨、混編、作為練射的營地，分為四個單位，第一為弩兵方陣，第二為車兵方陣，第三為車、步、騎混合方陣，第四為騎兵方陣。三號坑為秦俑指揮機關的所在，正面停放一輛面東

▽這支深埋地底超過二千年的地下軍團，肩負著護衛秦始皇帝冥魂的使命。（攝影/董 敏）

具有蓋頂的車乘，有4尊戴長冠的的甲俑，南北側室則有64尊擔任守衛任務的甲俑，是古代指揮中心「帷幄」內的侍衛。

秦始皇對軍隊應該具有特殊的感情，但以俑葬所要表現的，並非戰爭的廝殺場面，也不是東巡時的軍隊，而是表現軍國陣仗中最壯觀的場面——閱兵。

因此這裡秦俑的布置也如同大閱兵一般，一號俑坑完成了布陣的形式，鋒、翼部屬表現了出戰的程序，也顯示出隊形變換的關係；二號俑按照兵種來編列，弩兵在前，車兵單列，步車相間，騎以車導，可見是為了調兵方便而設置的，總體並未構成完整的隊形，二號坑的性質應該是校閱時的暫駐形式；三號坑做為指揮中心「軍幕」，也應該是沒有疑問的布局。

馬廄坑

馬廄坑的範圍在陵東城牆外，在長1,900公尺、寬50公尺的範圍之內約有300~400個馬坑，目前經過考古工作探明的約有93個，人們所謂的馬廄坑其實泛指這一個區域裡諸多小坑的屬性，實際上他的內容包括了馬坑、跽坐坑和俑馬合坑三種。

馬坑內每坑葬一匹馬，有活埋也有事先處死，方向皆為頭西尾東，頭前放置馬的草料盆、飲水具等。俑坑內有蹲坐姿的陶俑，身分是餵馬人，身旁有汲水的陶罐和割草鐮刀等工具。俑馬合坑裡則是馬東俑西，相向放置，馬骨多放在木箱之中。在目前已知的馬廄坑之中，馬坑占了將近百分之八十，可能表示廄中馬群的代表，單獨的俑坑則表示主管人員，而俑馬合坑則表示一些良馬需要固定專人飼養。

△出土於二號坑十七方的陶俑腿部，仍然保持康清理出來時的狀態，斜偎在土中。（攝影/羅小韻）

黃土堆裡或散落、或半掩的殘破秦俑，見證了秦帝國的輝煌盛世與灰飛煙滅。（攝影／張　平）

馬廄坑剛出土時，許多人將俑坑內的陶俑當作是女俑，這是因為他們後腦梳挽的髮型和民初的婦女所梳的的圓髻相當類似，但實際上，跽坐俑的嘴唇上卻刻畫著細密的鬍鬚，應是男俑無誤。馬廄坑顯示了中央層級的養馬場規模，共有大、中、小、宮、左、外等六廄，《漢書》中記載的「天子六廄，馬皆萬匹」，顯然是由秦制所傳。

在陵西內、外城牆內之間，另有馬廄坑，反映秦宮廷的廄苑分別有多處，都屬於天子之廄，陵東的馬廄坑數目雖然多，但是規模較陵西此地為小。但兩者活埋總數在七百匹左右，顯示秦代養馬業的興盛。

銅車馬坑

御府是秦代負責天子交通的單位，環繞陵墓的御府諸坑，也就是埋藏銅車馬的陪葬坑，出於地宮外側，一共有兩處，一在陵冢北側，二在陵西墓道內，後者經過清理，出土兩輛四馬彩繪的銅車，精采絕倫，已在博物館中展覽。

如果活埋許多良馬的馬廄坑，和兵馬俑坑一樣的展現了秦國的軍容氣勢，那精緻細微的彩繪銅車馬陪葬則表現了宮廷鑾輿制度及秦王朝華麗的裝置藝術，似乎更教人歎服。

珍奇異獸坑

珍奇異獸坑就是秦陵西內外城之間有苑囿散坑，苑囿是古代帝王的遊獵場所，秦始皇陵西的珍禽異獸和跽坐俑坑為他生前苑囿的象徵。苑囿散坑共發現有31個，占地2,000平方公尺，由北而南坐三行排列，中行十七坑裡有動物骨骼，東行六坑和西行八坑則有跽坐俑，應該是飼養人員。

因為散坑內的文物很少，從動物的骨骼看來，應該有食草的鹿、麞、雜食類動物和飛禽等。秦皇陵將苑囿放入陵園設計之中，對漢代的帝陵制度有很深的影響，例如漢文帝的從葬坑裡出現了陶棺，內有鵝、仙鶴，和其他不知名的獸骨。薄太后南陵的散坑更出現了大貓熊和犀牛的骨骸，這些動物當時都是上林苑飼養的。

石鎧甲坑

一九九八年初，秦皇陵東南方發現石鎧甲坑，農民在澆灌果樹時發現地面有下沈的異常，後經考古挖掘，發現這一座陪葬坑面積相當於一號秦俑坑的面積，約有兩個足球場大小，是至今秦陵內外城之間發現的最大陪葬坑，目前稱為「石鎧甲坑」。

石鎧甲坑的建築結構與秦俑坑類似，坑底出現了從前未見過的石質甲冑，試掘之後，發現八十副鎧甲和三十頂石質冑等，石質甲分別有有背、

△ 跽坐俑出土於秦始皇陵小型馬廄坑內，為面容清秀英俊的男俑，剛出土時曾被誤認為女性俑。

◁△ 位於東內外城之間的石鎧甲坑，出土大量的石質鎧甲與石冑，共發現87領石甲、43頂石冑（頭盔），而製作石質鎧甲的原料來自渭河以北富平縣、蒲城縣一帶的山脈。目前已修復出一頂石冑和一領鎧甲，石冑由74片組成，彼此之間以扁銅絲相連綴，重量為3168公克；石甲由612片石甲片組成，重量為18公斤。
（攝影/郭燕‧夏居憲）

胸、膊等部位，甲片的材料爲青石，經過打磨之後，依據不同的部位而切割爲不同的形狀，再穿孔、以銅線連綴，由於石片面積大者約有20平方公分，小者只有5.25平方公分，厚度僅有0.2或0.3公分，兩端穿孔約有四到八個，可見當時工藝之精湛。

考古工作在石鎧甲坑附近鑽探時，又發現一座較小的陪葬坑，經過試掘之後，內有銅鼎一座，和十餘件風格特別的秦代陶俑，但與兵馬俑不同的是，這些陶俑全身僅在腰部著一短裙，似百戲中的藝人造型，用以陪葬秦始皇。

陪葬墓群

秦始皇陪葬者，依目前的挖掘狀況顯示，分別有三處，一處在陵東上焦村，正好在馬廄坑的西側，應是秦二世登基之後所誅殺的始皇公子和公主。第二處在皇陵內城的東北角，面積約爲內城的四分之一，是在陵區內

另外闢地而葬的墓地，應爲身分特殊的人。《史記》記載：「二世曰：『先帝後宮非有子者，出焉不宜。』皆令從死，死者甚眾。」考古學家推測這應該是陪葬的宮女墓區。第三處是陵西重城的墓區，這裡散布陪葬墓61座，有甲字形、長方形、刀把形等數種，但是在墓中並未探測到任何的文物，皆爲空墓，或許是爲陵園事先規劃的墓地，但未及埋葬任何人，秦王朝就滅亡了。

其他的陪葬墓則是以零星的單墓形式存在，另外還有修陵的驪山徒墓葬，但是因這類的墓葬並未按禮制，也沒有進入陵區的規劃之中，乃是隨地倉促亂葬，甚至有隨意堆置的現象發生，屬於另外一種性質的墓葬，並不適合當作陪葬墓來看。此外，在秦俑三號坑西側，亦發現了一座大墓，和秦俑二號坑、三號坑同在一條東西直線上，人們猜測這可能與統帥兵馬俑的指揮者有關。

◁△位於石鎧甲坑下方的北部過洞，出土一批前所未見的大型陶俑，倒臥坑底木上，身首異處，陶俑均面向東，東西成行，南北三列，僅腰部著一短裙，其餘肢體裸露。陶俑的肢體動作表現出古代角抵（摔角）俳優的場景，反映了秦宮娛樂活動的豐富多彩。（攝影/郭燕・夏居憲）

◁位於石鎧甲坑下方的中間過洞棚木上，發現一件重量爲212公斤的方直耳、子母口、釜形、獸蹄足青銅鼎，通高61公分，外徑71公分。青銅鼎的上腹淺雕6組、下腹淺雕7組相連續的蟠虺紋圖案。（攝影/郭燕・夏居憲）

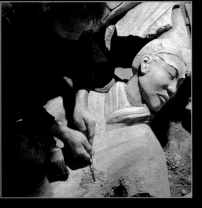

◁為了再現兵馬俑昔日雄風，考古人員小心翼翼地清
理，並隨時拍照、繪圖和紀錄。（攝影／羅小韻）

▷一號坑發現初期，尚未建有展覽大廳，考古人員只
能露天進行探勘、試掘和清理的工作。
（攝影／郭佑民）

考古與維護

雖然秦始皇建立的帝國霸業已走入歷史，

但藉由秦代文化遺址的陸續出土，

印證了史書對於秦始皇的記載，也填補了部分歷史的空白。

讓這個影響後世深遠的一代帝國，

重現輝煌史蹟與藝術光華。

在陝西省臨潼縣的一個小村落，留有一口打了一半的廢井，旁邊還插著一塊告示牌，上面寫者：「這是發現秦俑的井址」。這口井一半在一號秦俑坑內，一半在外。如果當初這口井打歪了，也許無價之寶——秦俑，現在可能還長埋黃土之下。

秦俑出土

一九七四年，陝西有著嚴重的春旱。在秦始皇陵東側約1.5公里的地方，有一個叫西楊村的小農莊，村裡砂石堆積，荒塚累累。那年，西楊村村民為了農作生計，必須打井掘水來灌溉農作。就在村民們一連工作三天，順利地挖開了鬆軟的耕土層，接著，挖開了堅硬的紅土層，這時井深已超過三公尺了，到了第五天，掘井的工作突然變得艱難，村民們不知道，他們挖到了秦俑坑上方的「夯土層」。

▷秦俑坑發掘前的原址，是一處柿子園；現在秦始皇兵馬俑博物館中，展示一幅柿子園景觀的照片。
（攝影／董 敏）

▽二號坑中的四個小陣組成一個形如曲尺的大型軍陣，是一個能隨時應用於各種戰場特殊需要的優秀軍陣。
（攝影／郭燕、夏居憲）

這天，很湊巧，村民往下挖穿紅土，突然出現一個大洞，再往下挖就出現了陶俑殘片。接著，又是一堆陶俑破片、一束一束的青銅箭鏃和三個

弩弓被挖出來。這些文物的突然出現，讓在場挖井的農民都訝異地說：「這是瓦爺吧！」「瓦爺」是當地人對陶土塑像的俗稱。而當他們在地下4.5公尺深的地方，挖出了第8個殘破的陶俑，並同時發現了鋪地的青磚，一位略具古文物知識的水保員，剛好來檢查打井的進度，看到當時的情景，立即宣布停止挖掘水井的工程，並向上級報告。

當天下午，臨潼縣文化館館長王進成帶領文物幹部趙康民、丁耀祖騎著腳踏車來到西楊村，一看到井裡出土的陶片等文物，感覺非同小可，於是開始初步的挖掘工作。經過兩個多月的清理和修復，初步判定這些可能是秦代的陶俑。可是，當時秦始皇的陵寢，距離挖到秦俑的地方，還有一段距離，大家雖然感到好奇，但還是努力做好考古挖掘的工作。那年七月，中央單位來到西楊村的挖掘現場，看到又一批武士俑站立在這片土地上，備感震撼，秦始皇兵馬俑考古隊因而成立，這支考古隊的第一任隊長，就是著名的秦兵馬俑考古學家袁仲一先生。

秦俑考古隊

在一九六○年代，中國陝西省考古單位，也曾多次對秦陵進行考古研究，可惜，當時主要的考察重點放在始皇陵的陵園內進行。

一九七四年，臨潼縣文化館的人員已經在井的四周，試著挖出一個大坑洞，在這個坑洞下出土的陶俑更多。當時中國國家文物局人員在仔細檢查陶俑出土的現場後，初步認定，這既不是磚瓦窯，也不是古代廟宇的遺址，它和以前在秦始皇陵附近挖出的跽坐俑基本上很接近，因此判定這批陶俑應該是秦代的文物。在考察人員彙報挖掘這座坑的情形後，經過國家文物局批准，馬上在陝西省組成秦始皇陵俑坑挖掘領導小組。同時，還委派陝西省內的專業人員，組成秦始皇陵俑坑考古發掘隊。一九七四年，這兩支隊伍在盛夏之際，輕車簡從來到西楊村。最偉大壯觀的文物考古挖掘工作，就此在中國關中平原上揭開了序幕。

秦陵兵馬俑的考古挖掘每次都有突破。一九七五年，一號坑東端被全部挖掘出土，有武士俑500多個，馬

△考古人員在二號坑挖掘現場進行測量與繪畫，隨著現代高科技的發展，秦始皇兵馬俑博物館還將電腦多媒體技術運用於考古現場的資料搜集與整理。（攝影/郭佑民）

▷兵馬俑毀壞情況非常嚴重，專家們秉持著「修舊如初」的原則，重建歷史現場與文物。（攝影/羅小韻）

俑24匹、戰車數輛，還同時探清了一號坑的範圍和內涵，估計裡面埋藏的兵馬俑大約6,000多件，這算得上是當時全世界的重大考古發現。在此同時，考古工作者對秦始皇陵園內外，展開了地毯式的搜索和探勘。第二年，發現了被定名為二號坑的兵馬俑。年底，被定名為三號的兵馬俑坑也相繼出土，裡面埋有戰車一輛，兵馬俑68個。同時還發現了一個尚未建好的四號坑，這四座坑連成了一個有意義的整體。接著，又在上焦村西邊，發現馬廄坑；在秦始皇陵陵園西邊，發現埋有珍禽異獸的坑；在趙背戶村西邊，發現修陵人的墓地等等。而到一九八〇年，在陵園西邊更挖出了舉世無價之寶──兩輛大型彩繪銅車馬。直到現在，考古工作仍在持續進行中。

實際上，最早發現秦俑的人可能是漢代的人。因為，在考古挖掘的過程中，曾經發現兩座漢墓，其中一座墓穴剛好挖到一組陶馬和陶俑。這一組陶俑、陶馬有過人為的破壞和移動，被放置在墓穴的角落。這些修墓人很可能是第一批發現兵馬俑祕密的人，只不過當時並未引起注意。

考古利器洛陽鏟

　　當年考古工作者究竟是用什麼樣的工具挖到了這三座坑？並非科學的金屬探測器，而是一支其貌不揚的洛陽鏟。這種洛陽鏟，在數百年的盜墓歷史中，許多盜墓賊都是靠它來盜掘墓中寶藏。洛陽鏟據說最早出現在清朝嘉慶年間，在洛陽北邙山金家溝有名鐵匠，發明了一種馬蹄形的鐵鏟，當時人們稱之為「搜鏟」。

　　搜鏟有2寸寬的凹字形半圓鏟頭，高不到1尺，上面套著一根2公尺長的竹竿。將它往地下一鑽，再往上一提，就可以把卡在鏟頭半圓口的土壤帶上來。這樣不斷地下鑽、上提，就可以得到不同地層的土壤。將地層土壤分別加以分析，就可以得知該地層的結構、顏色、密度和包含物。

　　這原本是農民在農作時，為了瞭解耕種地的土壤特質，以便知道適合播種何種作物，因而發明的鐵鏟。如果地下可能有墓葬，在向下鑽探時就會碰到異物，把鐵鏟上提，就知道地底下有什麼成分。演變到後來，洛陽一帶的盜墓賊卻利用這種工具來找古墓、盜寶藏。

　　隨著考古學在中國的興起，搜鏟進一步被加以改進，成為考古工作者的專用工具，除了探測出一號坑的全部範圍，還有二號、三號坑和秦陵附近一百多座培葬坑和陪葬墓。一九五四年，洛陽舉辦考古鑽探訓練班，並正式命名為「洛陽鏟」。

永遠的謎

　　皇陵，是一巨大建築的集合體，是為了展現皇帝生前雄風的寶地。在皇陵中，帝王的威嚴不僅藉助該區的地理環境來烘托，而且還以營建高大的墳丘或山陵來表現。因此，這種陵園充分反映出皇帝的氣派。在皇帝墳墓（皇陵）建築體系裡，可分為神道、陵寢殿園、寶城寶頂等三個相對獨立的建築群。

　　陵園　據多次對皇陵所進行的勘查發現，秦始皇陵園近似一個南北狹長的回字形，大城包小城。陵園內有內、外兩道城牆，內城總面積約為78萬多平方公尺。內城有東西向、南北向的隔牆，將內城分為四個區塊。內城城垣有東、西、南城三個城門，南邊城門保存較好，門樓所遺留的雙柱仍高出地面2、3公尺。內城城牆的西北角有夯土、瓦礫的遺址，證明四個轉角處應有角樓的存在。秦始皇的地宮就位於內城南區。外城占地約3,003萬平方公尺。外城的四面各有一門，門址上堆積著許多瓦礫及紅燒土、灰

▽▷考古工作者憑藉著洛陽鏟，探明了一號俑坑的全部範圍，並探出二號、三號俑坑和秦陵附近百餘座陪葬坑和陪葬墓。（攝影/郭娟秋）

爐，證明內外城城門上都有過門闕建築。此外，在陵園內已出土了5萬餘件重要文物，這些對今後要瞭解秦陵地宮，都有進一步的幫助。

封土 秦始皇的陵寢是一個龐大的建築工程體系，我們只要看一看一號坑的兵馬俑，就可以想見當時工程之浩大。從遠處觀秦皇陵，是一座突兀拔起的山嶺。陵冢封土（皇帝墳上的墳土）形狀像似方錐形，用土夯築而成，上面種植樹木。據考古資料顯示，秦始皇陵的墓穴面積之大，是歷史上所罕見的。《漢書·楚元王傳》說：「……下錮三泉，上崇三墳，其高五十餘丈，周回五里有餘……」。意思是說，秦始皇的墳墓往下挖到第三層的地下水層，往上堆起三座土堆，高約五十多丈（秦制），陵塚底部的週長約有五里多（秦制），換算成現代所使用的單位，大概有25萬平方公尺。但由於年代久遠，加上風雨侵蝕，現在的秦陵已沒有當時建造的高大。而位於封土下方的墓室，由於富麗堂皇，宛如一座地下宮殿，因而稱為地宮。地宮是秦始皇陵的核心部分，放置棺槨和陪葬品的地方。

地宮 兵馬俑軍陣和銅馬車的出土，讓全世界都感到萬分震驚。人們除了驚歎於這偉大的歷史奇蹟外，更好奇秦始皇陵的地下宮殿。兩千多年來，有關秦始皇地宮的神祕傳說，除了史書上一些零星的記載外，一些有關地宮的神奇傳說，也一直在民間流傳。

對於地宮的建造和陳設的具體內容，司馬遷在《史記·秦始皇本紀》中作了較為具體的描述。其中記載：「始皇初即位，穿治酈山，及并天下，天下徒送詣七十餘萬人，穿三泉，下銅而致槨，宮觀百官奇器珍怪徙臧滿之。令匠作機弩矢，有所穿近者輒射之。以水銀為百川江河大海，機相灌輸，上具天文，下具地理。以人魚膏為燭，度不滅者久之。」此段文字說明地宮是在秦始皇「事死如事生」的原則下修築而成。

在眾多學者和現代科學儀器的努力下，似乎可證明這段文字所言不假。例如「以水銀為百川江河大海，機相灌輸。上具天文，下具地理」，在墓室的穹頂上繪有日月星象圖，下邊布置著秦朝的山川地理模型，以及用機械操縱、以水銀灌注而流動不止的江河湖海。而從現有的考古資料看

△發掘工作結束之後，修復的作業在展覽館中持續進行，工程仍是十分浩大。（攝影/董 敏）

來，漢唐時代的墓穴中，確實發現很多的天文星象圖，以繪畫的形式繪於墓室中。根據地質學者於八○年代，曾兩次運用汞量測量法對秦始皇的地宮作測試，發現該地土壤含汞量確實高出附近土地的汞含量達數倍之多。

按照秦制，帝王即位後就要為自己修築墳墓。秦始皇即位後第二年就在李斯的建議下，發動天下勞工、罪犯約七十餘萬人修築皇陵。地宮的規模宏大，墓穴深挖至泉（大約是現今第三層地下水的水位）。

出土的文物中，除了大批的兵馬俑外，在內、外城範圍內還發現了兩組製作精美的銅車馬；在內城西牆及外城西牆南部，探勘出四十幾座陪葬坑，其中包含裝有珍禽異獸的瓦棺。

有關秦始皇地宮的考古工作大約在一九六一年時就已開始，現代的考古發掘工作已部分證明史書記載的真實性。

秦陵的維護與價值

秦始皇陵雖位於中國，但相關研究者卻遍布世界各地。中外學者都對秦陵地宮的挖掘提出了自己的看法。但是，依目前的狀況看來，還不能全面開挖。目前有困難的地方在於：

一、秦陵地宮上穴是一個面積廣大的方形，如果要發掘，首先得在那麼高的封土周圍建造一個保護大廳。若是方形，跨度當為500公尺；若為圓形，則跨度當為670公尺。而美國目前修建跨度最大的建築，也才200多公尺而已。

二、秦陵的地下水水位豐富，且水位很高，在地表下16公尺就已經有地下水了。而地宮大部分的建築都在16公尺以下，若是開始挖掘而沒有大型的抽水設備把地下水抽乾，則整個地宮都將會被水淹沒。

三、地宮封土的周圍夯土有百公尺厚，若要進行移土工程，則又是一項浩大又備極困難的工程。

四、地宮周圍的汞含量異常，若是貿然開挖，內部的汞氣外洩，將會造成考古工作者的危險。到目前為止，尚未想出對策來通過汞封層。因此暫不開挖地宮是有其技術上的困難。

除此之外，近幾年來出土的文物古蹟，破壞程度令人感到十分惋惜。以兵馬俑為例，兵馬俑自一九七四年出土以來，至今也不過二十多年的光景，但是毀壞程度卻超過人們的想像。有的秦俑剛才出土不過幾天，身上的彩繪就幾乎全部脫落，甚至有些還發黴長出綠毛。至於出土的金屬兵器，也都出現不同程度的鏽蝕。青銅一旦被氧化成為氧化銅，其原有之價值將不復存在。地宮一旦挖掘，將出土更多的珍貴文物，如何保護這批文物不受自然和人為環境的破壞是目前亟需克服的困難。所幸現在針對秦俑的彩繪保護研究已有十多年的歷史，經試驗後，選用新研發出的 PEG200 等材料做色彩保護劑，使用效果不錯，讓秦俑身上的彩繪得到多一層的防護。

自從發現兵馬俑以來，秦陵考古工作仍不斷地進行。兵馬俑以及之後出土的銅馬車，均顯示了秦王朝奇偉的軍事陣容、高超的雕塑藝術、發達的科學技術和豐富的歷史內容。還有考古工作者新發現的石鎧甲坑（也就是六號坑），坑內布滿了石質胄甲。這一新發現改變了史學界原本認為「秦代無胄」的說法。

秦陵的考古發掘，印證了史書對於秦始皇的記載，也填補了部分歷史的空白。它的價值也表現在重現秦代藝術的光華，將戰國自秦集大成的文化體系，逐步建構成形，使這國祚雖短，但制度影響後世深遠的一代帝國，有較為公允的歷史評價。

△ 隨著秦俑出土，人們面臨了亟待克服的保存問題，如何避免文物不受自然與人為環境影響破壞，實是當務之急。（攝影／郭佑民）

◁由於人為破壞與俑坑塌陷等因素，兵馬俑受到程度不一的損壞，雖然對歷史文物而言是一場浩劫，卻也為考古工作人員提供了某些便利。
（攝影／郭佑民）

◁秦始皇兵馬俑博物館，將中國古代軍事博物館與世界知名考古現場合而為一。 （攝影/郭佑民）

▷此俑為一號兵馬俑坑出土身穿交領右衽長襦、頭戴單版長冠的戰袍軍吏俑。

秦兵馬俑博物館

採取就地保存文物方式的秦兵馬俑博物館，

置身其中可以親炙兵馬俑坑的懾人氣勢。

壯盛雄偉的兵馬俑陣勢森然肅穆，彷彿一聲令下全軍即可出動，

充分顯露始皇兼併六國一統天下的豪情壯志。

衛戍秦始皇靈魂的兵馬俑坑於一九七四年在偶然的情形下被發掘之後，翌年，中國國務院下令建造秦始皇兵馬俑博物館，就地保護出土文物，這項世界性文化遺產立刻引起了全世界的矚目，甚至被譽為世界第八奇蹟。

秦始皇兵馬俑博物館的一號坑展示館占地1,6000平方公尺，在博物館興建初期以土回填，以確保文物的安全，一九七九年完工，同年開幕，吸引了國內外的遊客前往參觀。

館內展場規畫

在一號坑的挖掘進行時，一九七六年又先後探出了二、三號坑，一九八九年三號坑發掘工作結束之後，館方立刻對外開放。一九九四年，二號坑正式展開挖掘工作，採用邊發掘邊開放的方式展覽，可視為博物館界和

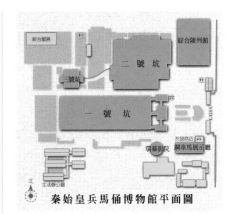

秦始皇兵馬俑博物館平面圖

（地圖繪製/蔡佩熒）

考古界的一項創舉。一九八〇年於陵西出土的銅車馬修復完成後，也在館內正式陳列展出。

目前博物館的展覽館配置有一、二、三號坑展覽廳、銅車馬展覽廳和一座綜合陳列館，一、三號坑為原址展出。遊客參觀兵馬俑博物館時，可依一號、二號、三號坑的順序觀覽。由於兵騎雄偉、陣容龐大，當遠遠從坑道上方往下觀看時，的確讓人有親

▽昔日的柿子園，成了今日的秦始皇兵馬俑博物館，還被法國前總理席哈克譽為「世界第八奇蹟」，廣受全球人們的矚目。（攝影/董 敏）

臨現場，感受披堅執銳、萬馬奔騰的懾人氣勢。然而為了保護文物，遊客是不准下坑細看的，如果想一睹陶俑、戰馬栩栩如生的面目表情，欣賞當年工匠的精湛手藝，不妨攜帶望遠鏡好做細部觀察。

參觀過三座兵馬俑坑後，可別漏掉位於入口處的銅車馬展廳，這裡展出的是兩乘一九八○年出土的彩繪銅車馬，從考古價值來看，它們可是無

價之寶，銅俑和銅馬逼眞寫實的手法，不但顯現精緻絕倫的藝術價值，同時更是研究先秦生活的重要史料。

一號銅車馬古稱高車或立車，作爲前導車用；二號銅車馬爲安車，又名「輻輬車」，此車設有橢圓形蓬蓋，具冬暖夏涼的效果，是秦始皇座車的模擬。據《史記》記載，秦始皇第五次出巡，病死途中，李斯即用輻輬車載運回京，因此後人也視輻輬車爲喪車。

在銅車馬展廳對面另有「綜合陳列室」，展示從兵馬俑坑挖出的各式古兵器。同時也舉辦秦文化展覽，使觀眾能夠更了解兵馬俑獨特的社會歷史背景。

文物研究與展望

館藏兵馬俑文物可謂世界文化瑰寶，然而首要面對的難題是，文物一但出土，就免不了遭受到人爲或天然的破壞，例如一開始的一號坑挖掘工作，由於雇用的考古工作者並非全是來自考古專業領域，部分是當地農村的人民，以致在處理兵馬俑的方法上，遭到考古學界的質疑：「兵馬俑的考古挖掘怎麼像農民挖土豆一般胡亂挖刨？修復工作又用篩子、刷子、清水大量沖刷？這違背了考古學的定義與方法，也對兵馬俑造成不可回復的損害。」

一九七九年秦俑考古在考古專業工作人員的建議下停工，在多個專業

▽三號坑展覽館大廳外觀顯現相當考究、美觀，更顯秦軍的莊重威嚴。
（攝影／郭佑民）

考古工作人員藉由各種的研究，試圖找尋防止出土文物質變的方式，讓古代文物得以流傳永世。
（攝影/郭燕、夏居憲）

單位評估後才重新開挖，至今，除了三號坑大部分的秦俑在修復完成後開放之外，其他所見的一號坑秦俑，只是坑內陶俑的少數，而二號坑在試掘後回填，尚未全數開放民眾參觀。

一號坑展覽廳初期的展示設計，由於倉促實施、資金缺乏、材料短缺、籌備不易而無法對文物做非常周全的保護，例如缺乏對進場人數的控制和溫溼度的維持。開挖後的文物極易因為自然溼度的變化而產生毀壞，溼度迅速的變化會使陶俑收縮，上彩的顏料部分剝落；而陶俑的修復方面，因回坑後未作徹底的防碎措施，單用膠料黏著，極可能再次倒塌。

秦俑坑的土質也由於陽光的曝曬，逐漸收縮，甚至在一號展示廳的坑底出現裂縫，現雖有非破壞性的鋼樑在坑內做支柱，但驪山陵周圍農民炸山去石的工作方式，是否會使裂縫逐漸擴大？仍有待觀察。

硬度相當高的秦俑，經過兩千年的掩埋剛出土時，未改其剛毅和形態，但出土二十年不到，部分秦俑已產生質變，周身長出不明的斑點，青銅兵器也漸漸與氧作用成為氧化銅，性質有了不可逆的改變，也都影響到日後研究工作的進行與觀光價值的降低，殊為可惜。

考古工作的進行本應當做一座實驗室來看待，文物如同各種不同的變數，也如同實驗室中所有的資料，都是可以提供給各個學科做深度研究，並且一再重複使用。

但開挖工作的展開，必定會使許多文物失序，所以僅能依賴人工記錄重現當時的歷史環境，若缺乏記錄或方法不當，則應回填復原，或者停止開挖，等待技術許可時再行研究，進而能介紹給社會大眾，使大家對古代中國能夠有進一步的了解及認識，也讓古代文物保存能夠永世萬代。

世界第八奇蹟

公元前希臘哲學家費隆（Philo）曾將埃及的金字塔、亞歷山大港燈塔、愛琴海太陽神像、奧林匹亞宙斯神像、阿爾特米斯月神廟、摩索拉斯陵墓和巴比倫空中花園定名為世界七大奇蹟，現金除埃及金字塔保護完好外，其餘六大奇蹟已經毀壞（甚至有人懷疑他們是否曾經存在）。一九七八年，法國總理席哈克參觀兵馬俑博物館後大為驚歎說：「世界上有七大奇蹟，秦俑的發現可以算是第八奇蹟了！」自此秦始皇兵馬俑被世人譽為世界第八奇蹟。

秦俑的出土隨著博物館的建立，吸引了各國觀光客前往參觀，包括前法國總理席哈克、前新加坡總理李光耀、前美國國務卿季辛吉、總統雷根夫婦，和前聯合國秘書長裴瑞茲等人。一九八七年，秦始皇陵（包括兵馬俑坑）被聯合國教科文組織評定為世界遺產，因為秦始皇陵的兵馬俑是如此的姿態萬千、栩栩如生，包含銅車馬和兵器等，反映出兩千年前中國寫實主義的藝術顛峰；秦陵中心的設計，也使世人對古代中國的歷史有更深的了解，這些特色符合教科文組織對於世界文化遺產的認定：具有高度的歷史、考古、科學、民族和人類學價值，足以為全人類共享的瑰寶，並能夠增進各民族對彼此不同文化的了解，故應以跨國的組織結合各種力量來保護是世界文化遺產，以免受到自然或人為的損壞。

△1987年秦始皇陵連同兵馬俑一併被聯合國教科文組織評為世界遺產，並頒發證書。（攝影/郭燕、夏居憲）

△剛出土的武士俑雖然殘破不堪，但個個都是使秦始皇兵馬俑成為世界文化遺產的重要文物。（攝影/郭佑民）

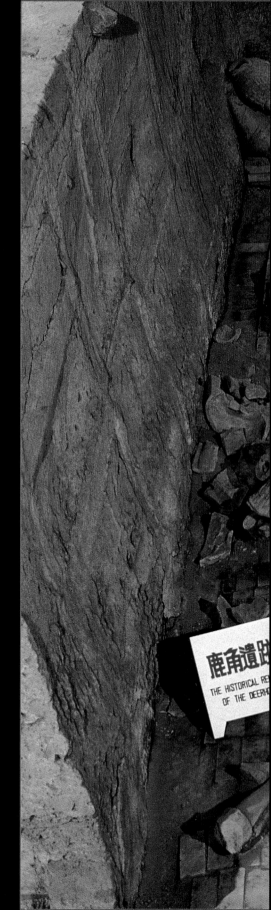
鹿角遺跡
THE HISTORICAL RE
OF THE DEERH

門楣遺跡
THE HISTORICAL REMAINS OF
TEH LINTEL OVER THE DOOR

遊西安訪秦陵

西安處處閃耀著古文明的光華，歷朝歷代的建築遺跡遍布城內外。

踏上這片土地，聽鐘鼓齊鳴、帝王軼事，

訪帝王陵墓、長安古剎，登壯麗華山、終南名勝，

嚐街頭美味、仿古佳餚，盡情倘佯於山水、阡陌與歷史遺跡中，

感受熠熠生輝的古老中華文明。

一九七八年，法國總理席哈克在參觀過秦始皇兵馬俑後說道：「未看過金字塔不算到過埃及，未看過秦俑不算真正到過中國。」因此，到了西安，參觀席哈克總統口中的世界第八大奇蹟的秦始皇兵馬俑博物館，成為第一選擇。

訪臨潼，探地下雄兵

秦始皇兵馬俑博物館內共有三個兵馬俑坑，可以沿著參觀動線，親身體驗宛如帝國雄兵再現的恢弘場景。離開兵馬俑博物館後，安步當車往西北走約1.5公里，就會看到灰色圍牆環繞，隆起如小山的秦皇陵。秦皇陵有座地下宮殿，是放置秦始皇棺槨的地方，據推測這座地下宮殿應該也埋藏大量奇珍異寶，只因技術和保存問題，目前尚無法大規模挖掘。

不過，位於秦皇陵西側的秦陵地宮展覽館，運用聲、光、電等現代科技與多種藝術手法，立體再現秦皇陵的歷史，滿足遊客一窺秦陵的想望。參觀秦陵地宮之後，不妨前往坐落驪山腳下的世界八大奇蹟館，館內模擬埃及金字塔、亞歷山大港燈塔、愛琴海太陽神像、奧林匹亞宙斯神像、阿爾特米斯月神廟、摩索拉斯陵墓、巴比倫空中花園與秦始皇兵馬俑地下軍陣等八大奇蹟現場，相當值得一遊。

遊過秦陵文化旅遊景點之後，華清池和驪山是人們會順道探訪的景

點，華清池因楊貴妃曾在此「溫泉水滑洗凝脂」而名噪一時，目前園內尚存當年玄宗、貴妃和太子使用過的湯池遺址，只是華麗的宮室早已無存，目前園景都是清朝時重新整建。

驪山位於華清池後，山巒疊翠，景觀秀麗，唐玄宗和楊貴妃七月七日私語長生殿的故事便發生於此；而周幽王為博褒姒一笑，點燃烽火戲諸侯的場景也在這裡。

看過古蹟賞過景，離開臨潼前若有時間和興致，不妨再來一趟「半坡博物館」之遊，看看六千年前母系氏族時代，先民艱苦生活的景象。

遊西安，遙想古城風貌

雖說兵馬俑是西安遊的第一選擇，然而千年西安古城的風貌也不遑多讓。今日的西安，雖因物換星移，有了新式的建築和面貌，但有些地方，除了留下斑駁的歲月痕跡之外，時間在它身上似乎靜止了。到西安，不管進城出城，都得穿過一道古城牆，這道古城牆是中國現存最具規模

也最完整的城牆，它不僅默默衛護西安，也為西安平添許多古樸氣息。

在西安，除了悠閒漫步，細細品味古城質樸之美外，幾處著名景點如鐘樓、鼓樓、大小雁塔、大興善寺、興慶宮及碑林博物館，都是緬懷史蹟的最佳去處。

如果站在城牆回望城內，位於街道交會處的鐘樓顯得特別突出，鐘樓西面就是和它遙遙相對的鼓樓，古代用鐘鼓報時，早敲鐘暮擊鼓，暮鼓晨鐘也成為古城的風景之一。出南門沿

城牆往東走再南行，就可以到達大雁塔，這座磚塔乃唐高宗為安置玄奘從印度取回的佛經所建，為方錐體，外觀氣勢雄偉，是西安城的著名地標。小雁塔和大雁塔齊名，也是方錐形石塔，建築玲瓏細緻，坐落於南門外的薦福寺內，和大雁塔都是登高觀賞西安全景的好地點。

大興善寺位於小雁塔南邊，是佛教密宗發祥地，也是西安現存最古老的寺廟，寺內藏有唐代石獅、宋代木雕千手觀音及明代如來畫像等佛教文物。

位於東門外的興慶宮公園，則是一處極受歡迎的景點。興慶宮原來是當年唐玄宗理政和居住的宮殿，宮殿和園林結合，十分壯麗，當年玄宗和楊貴妃常在此尋歡作樂。興慶宮公園就是在唐代遺址上所修的園林，園內樓閣環湖散布，景致優美，是中國北方少見的湖泊園林。

至於喜愛書法的遊客，碑林博物館是不可錯過的景點。碑林博物館位於南門城牆下，由一大片雕樑畫棟、

◁碑林博物館古木參天、環境清幽，歷代精采的碑刻精華盡在其中。
（攝影／黃鵬杰）

△ 到了歷史悠久的西安，千萬別錯過樂聲悠揚、舞姿翩翩的仿唐樂舞，一賞唐代流傳下來的優雅舞蹈。（攝影/蕭耀華）

▷ 位於薦福寺內的小雁塔，始建於唐中宗年間，是一座比例勻稱的方錐形石塔，造型優美、玲瓏秀麗，與大雁塔的宏偉相映成趣。（攝影/郭佑民）

△「一餐餃子宴，嚐盡天下鮮」所形容的，正是讓人一飽眼福、口福的西安餃子宴，製法、材料、造型各異的餃子，令人垂涎欲滴。（攝影/羅小韻）

▷ 西安的「八景宴」以菜餚生動呈現「關中八景」，讓人可以一邊品嚐一邊聯想秀麗的景致。（攝影/羅小韻）

紅柱綠瓦的古式建築群組成，院內綠樹成蔭，環境清幽。這座碑石之林已有九百年的歷史，珍藏有自漢代到清代的碑石二千三百餘件，王羲之、歐陽詢、虞世南、褚遂良、顏眞卿、柳公權等大書法家的名作都薈萃於此。另外，「碑林石刻藝術室」則陳列了兩百多件石刻，有躍馬、雙獸、昭陵六駿、佛教造像等，藝術及歷史價值都極高。

享美食，覓古物

旅遊除了賞景外，享受美食和購物也是旅遊者無法抗拒的行程。提起

西安的美食，最爲人所熟知的就是牛羊肉泡饃，吃法是顧客自行將硬麵烙成的餅，掰成小碎塊放在大碗裡，再由廚師加入肉塊、粉絲等各種配菜一碗碗單煮而成，吃時佐以糖蒜、辣椒、香菜，湯濃味醇，尤其冬天裡一碗下肚，大汗淋漓暢快之至，無怪被視爲西安「第一名吃」，這道牛羊肉泡饃走遍西安大街小巷，無論餐廳或小吃攤到處都吃得到。

其實，位處西北乾旱地區的西安，照理講物質條件並不豐厚，但因身歷幾代國都，達官富賈雲集，想要匯集各種珍饈並非難事，因此在飲宴上也自成風格，「奶湯鍋子魚」、「葫蘆雞」、「金錢髮菜」等，都是可以說得出歷史典故的名菜。今日來到西安的饕客，如果想吃大宴，那麼可以到仿古餐廳享受以仿唐菜爲主的「曲江宴」、「八景宴」，或者以清眞菜爲主的「泡饃宴」，甚至台灣人最熟悉，有「神州一絕」之稱的「餃子宴」。如果只想小吃一番，不妨前往此地有名的夜市，嘗嘗豆腐腦、涼粉、水晶餅、泡油糕、泡饃等當地小吃，甚至還有孜然炒肉、拉條子等風味獨特的新疆菜餚，是體驗民間風情的最佳去處。

古代以鐘鼓報時，晨鐘暮鼓是太平
盛事的象徵。鼓樓位於鐘樓西側，建
於明朝洪武年間，紅柱青瓦、飛簷斗
拱，樓內現懸一面大鼓用以報時。登
臨鼓樓四周的迴廊，可以眺望西安市
景。（攝影／郭佑民）

西安周邊旅遊圖

興慶宮公園（攝影/黃鵬杰）

大雁塔（攝影/郭娟秋）

○ 直轄市
◎ 省轄市
◉ 縣轄市
● 景點

鐘樓（攝影/黃鵬杰）

西安市中心

自強西路　自強東路

漢城北路
環城西路　　北大街　　環城東路
大慶路　　西五路東五路　　興慶宮公園
絲路起點　　鐘樓　　東大街
紅光街　　碑林博物館
環城　　　南　　　路　　咸寧西路
友誼西路　小雁塔　　雁塔路　太乙路
大興善寺　　雁塔　　大雁塔

碑林博物館（攝影/黃鵬杰）

銅川市 ◎
耀洲窯博物館 ●
↑往黃陵

華清池（攝影/郭佑民）

往韓城 →

耀縣 ◉

咸銅線

昭陵博物館 ●

乾陵博物館 ●

渭河

秦始皇博物館（攝影/黃敏）

周原遺址 ●
法門寺　　乾縣 ◉

渭南市 ◎
臨潼 ◉　秦始皇博物館
往潼關 →

扶風 ◉

秦宮遺址 ●

驪山 ▲
華清池 ●
華山 ▲

← 往寶雞市
隴海線　　武功 ◉
渭河

楊貴妃墓 ●

咸陽市 ◎

大明宮遺址 ●
西安市 ◎　半坡博物館 ●

西周車馬坑 ●　阿房宮遺址 ●

藍田猿人遺址 ●

香積寺 ●
藍田 ◉

興教寺 ●

北

繪圖・版面構成/蔡佩熒

楊貴妃墓（攝影/郭佑民）

阿房宮遺址（攝影/羅小韻）

半坡博物館（攝影/郭佑民）

乾陵（攝影/郭娟秋）

香積寺（攝影/黃鵬杰）

興教寺（攝影/郭佑民）

有人說，在西安隨便一踢都可以踢出個古物來，其古文物品之多，可見一斑，因此，販賣古董及仿古文物的商店特別多。「書院門仿古一條街」就是西安有名的仿古文物街，位於碑林博物館旁，各種販賣字畫、工藝品、仿古文物的商店就有一百餘家之多；「西安古玩市場」是另一處購買古文物的去處，經營的物品和仿古一條街差不多，讀者在這些地方購買東西，記得要還價。除了這兩處之外，兵馬俑博物館前的市場，則是以販賣秦兵馬俑複製品及當地手工藝品為最大宗，大約有一百多家攤販，遊客來此，總不免要帶上一些。

除了上述的古文物外，深具陝西民間風情的手工藝如剪紙、刺繡、農民畫、泥塑等，也都極為有名，大多顏色鮮麗，造型純樸，頗值收藏。這些藝品一般在各著名風景點的商店都可購得。

古都行，交通便利

西安雖地處偏遠的西北，但自古即為國都，地位重要，如今更是著名的旅遊勝地，交通自然極為便利。香港、澳門都有飛機往返，另外還有飛往新加坡、泰國等十餘條國際航線。而中國境內各省會和重要城市也有班機直飛，陸路方面則有隴海鐵路可以利用。

西安市內的交通工具有公車、計程車等可資利用，如果想省事，參加當地旅行社所辦理的行程，也是不錯的選擇。

至於前往臨潼縣的兵馬俑博物館則有兩種方式，一是到西安火車站廣場或城東的金花汽車站，搭乘前往臨潼的汽車，大約40分鐘可達臨潼車站，再從此轉乘往兵馬俑的麵包車，需20分車程。二是在西安火車站廣場搭乘306、307公車，直接到兵馬俑博物館下車，大約每半小時一班，很方便。當然，另外還有一種選擇，就是參加當地旅行團，這種方式的優點是不用為交通問題煩心，且參觀景點較多，缺點是快速的行程恐怕會流於走馬看花。

△西安綿延發展了三千多年，留下許多文物遺跡，環繞西安市中心的城牆，是明朝初年為了加強西北邊防，在唐長安城的基礎上擴建而成。
（攝影／郭佑民）

△布老虎造型活潑誇張，色彩鮮明艷麗，是極具西安地方特色的童玩。而鳳翔的泥塑取材從人物、動物到吉祥圖案、神話故事應有盡有，造型洋溢著陝西民間工藝美術的誇張艷麗風格。（攝影／羅小韻）

◁農民畫取材自農民單純質樸的生活，以簡單的線條、艷麗的色彩，展現物產豐盛的吉祥祈望。
（攝影／羅小韻）

地下軍團兵馬俑
千古秦陵與秦文化

資料及圖版提供 秦始皇兵馬俑博物館
寶雞博物館
咸陽博物館
鳳翔博物館
岐山縣博物館
隴縣博物館
寶雞市考古隊
撰文 張振陽 陳韻帆 劉蘊儀 謝一誼 馬雅琳

總策劃 許鐘榮
策劃 呂石明 呂惠恕 曾廣植
總編輯 呂石明
編輯指導 黃台香
主編 鄭文聰
編輯 莊富雅
美術設計 崔正男

發行人 陳二紅
出版者 大地地理文化科技事業股份有限公司
地址 台北市八德路三段2號13樓之6
發行所 台北縣新店市民權路130巷16號4樓
電話 （02）2218-1506
傳真 （02）2218-5418
出版部 台北縣新店市民權路130巷2號3樓
電話 （02）2218-1602
傳真 （02）2218-2911
郵撥 18018639 大地地理文化科技事業股份有
登記證 新聞局局版臺業字第6247號
製版 天然彩色製版印刷股份有限公司
印刷 今日彩色印刷股份有限公司
法律顧問 國際通商法律事務所黃台芬律師
國內零售總代理 凌域國際股份有限公司
地址 台北縣中和市中山路二段401號2樓
電話 （02）3234-9565
傳真 （02）3234-9825
港澳零售總代理 凌域（香港）有限公司
地址 香港新界沙田火炭禾盛街10號海輝工業
電話 （852）2690-9989
傳真 （852）2690-3898
初版 2001年4月
定價 新台幣700元（含稅）
ISBN 957-8236-88-3

國家圖書館出版品預行編目資料

地下軍團兵馬俑：千古秦陵與秦文化／秦始皇兵馬俑
博物館等資料及圖版提供・張振陽等撰文
── 初版 ． ─台北市：大地地理，2001〔90〕
　　面；　公分 . -- （大地別冊；13）
　ISBN 957-8236-88-3
　　1. 古器物－中國－秦（公元前221～207）2. 明
器－中國－秦（公元前221～207）3. 古俑 4. 陵墓
　－中國－秦（公元前221～207）
797.01　　　　　　　　　　　　　　　90005018

U0135177